实时战略

人工智能助力战略规划

安德里亚斯·舒利（Andreas Schühly）

[德] 　弗兰克·贝克尔（Frank Becker）　　　著

弗洛莱恩·克莱因（Florian Klein）

张唯一　译

中国科学技术出版社

·北 京·

Real Time Strategy: When Strategic Foresight Meets Artificial Intelligence by Andreas Schühly, Frank Becker, Florian Klein.

ISBN: 978-1787568129.

Copyright © 2020 by Emerald Publishing Limited.

Simplified Chinese translated edition copyright © 2022 by China Science and Technology Press Co.,Ltd.

北京市版权局著作权合同登记 图字：01-2020-7271。

图书在版编目（CIP）数据

实时战略：人工智能助力战略规划/（德）安德里亚斯·舒利，（德）弗兰克·贝克尔，（德）弗洛莱恩·克莱因著；张唯一译. —北京：中国科学技术出版社，2022.5

书名原文：Real Time Strategy: When Strategic Foresight Meets Artificial Intelligence

ISBN 978-7-5046-9499-7

Ⅰ.①实… Ⅱ.①安… ②弗… ③弗… ④张… Ⅲ.①人工智能—应用—企业战略—战略管理—研究 Ⅳ.①F272.1-39

中国版本图书馆CIP数据核字（2022）第042612号

策划编辑	杜凡如 赵嵘	版式设计	锋尚设计
责任编辑	庞冰心	责任校对	张晓莉
封面设计	马筱琨	责任印制	李晓霖

出 版	中国科学技术出版社
发 行	中国科学技术出版社有限公司发行部
地 址	北京市海淀区中关村南大街 16 号
邮 编	100081
发行电话	010-62173865
传 真	010-62173081
网 址	http://www.cspbooks.com.cn

开 本	880mm×1230mm 1/32
字 数	176 千字
印 张	7
版 次	2022 年 5 月第 1 版
印 次	2022 年 5 月第 1 次印刷
印 刷	北京盛通印刷股份有限公司
书 号	ISBN 978-7-5046-9499-7/F·990
定 价	69.00 元

献给对本书贡献颇多的我们的同事们，是你们教会了我们做长远打算的方法。

感谢马克西米利安·布莱希特（Maximiliane Brecht）、纳丁·曼格（Nadine Manger）和尼古拉斯·维腾（Nicholas Vieten），感谢他们的复核工作和一直以来的全情投入。

感谢我们的家人和朋友们，因为有了你们，我们考虑得更加长远。

特别感谢艾琳娜（Alina）、克里斯汀（Christine）和帕洛玛（Paloma），感谢他们长久以来的支持和耐心。

——安德里亚斯（Andreas）、弗兰克（Frank）、
弗洛莱恩（Florian）

前　言

　　本书是我们在历史上的非常之时写作的一本非常之书。接下来，我们将为你描绘传统的战略思维和决策方式在我们面前被颠覆的过程。

　　为准确起见，我们首先得明确，传统的战略规划并没有消亡，也并非正在走向消亡。现有的游戏规则仍然适用，关于竞争机制和可持续竞争优势来源的著作依然和几十年来一样适用。发生变化的是我们周围的世界。人类世界的全球化和高度连通性，让我们的社会和经济变化剧烈。这种变化对传统战略规划的有效性造成了损害，缩短了它们的生命周期。如果一个为期5年或10年的复杂战略规划，没有将下一波民粹主义政策浪潮、改变游戏规则的技术，或数字时代原住民消费习惯的意外变化考虑在内，这样的规划还有什么意义呢？本书试图说明动态战略管理的重要性，因为动态战略管理能够在把握长期战略重点的基础上，对我们所在环境中突然出现的意外变化做出应对。

　　然而，一个更加重大的基础性变化发生了。它关系到人们，特别是复杂的大型机构中的人们，该怎样做出重要的战略决策。自从人类发展出社会和组织，真正重要和棘手的决策，都是由一些人类个体或小团体做出的，比如国王、总统、首席执行官，或议会、执行委员会等。决策者会根据自己的经验或"核心圈子"的建议进行决策。而这些建议者的智慧，同样来自过往的经验和已知的事实，比如统计局或学术界的资料。

总的来说，我们使用这一方法已经很久了，也一直对它感到很满意。但是，有很多原因导致了传统的决策方法在未来可能不再适用。全球化和超高的连通性只是一部分原因。由于决策的复杂性在增加，思考时需要考虑更多的因素，决策者的思维能力已经到达了极限。对于高层决策者来说，需要面对的诸多事项分散了他们的注意力，让他们很少有时间能够理性地研究、消化和反思。并且，这不仅仅是企业界的问题，也是整个社会的问题。就像气候变化问题一样，很多人类无法恰当解决的问题，都是因为其具有高度的复杂性，有太多的因素和观点需要考虑。这也是传统决策方法面临危机的第二个原因。

既有的事实、观点和理念是决策的基础，但这一基础的规模，已经增长到了决策者和顾问们无法把握的程度。在这个高度连通的世界，无论在社交媒体这样的大众领域，还是在专业学术领域，交流的速度都加快了。今天，各种事实、观点、理念和个人思想的洪流，几乎能将我们淹没。因此，谁能指望专业的决策者能幸免于此呢？

对于这一由科技引发的问题，我们给出了一个同样基于科技的答案。本书会谈及怎样改善我们观察周遭的方式（通过更好的实时感知），以及怎样强化我们处理、解释和思考所见所闻的方法（通过更加宽广的、更加整体性的意义构建）。借由这两种手段，决策者应该能够更好地观察和理解复杂问题，处理这些问题的能力也将得到增强。

所有这些原因，以及将已有的战略思维与以大数据和人工智能为代表的崭新数字世界相结合的需求，将三位作者聚集在了一起。

安德里亚斯·舒利（Andreas Schühly）是一位数字时代原住民，也是一位情境规划从业者，还是一位关于情境规划的文化学者。弗兰克·贝克尔（Frank Becker）是一位复杂性科学家，为本书注入了专业技术知识。弗洛莱恩·克莱因（Florian Klein）是一位战略专家和情境规划师，精通情境规划发展史。我们想通过三位作者的视角，向你展示基于人力的战略思维和基于人工智能的观察之间是如何进行融合的，以及决策者和他们的顾问，未来能如何利用人工智能来增强前瞻性决策的能力。

目　录

第 1 章

为不确定性高呼

不确定性是生活的一部分。我们身处不确定性中，并因此难以进行抉择。不确定性也是社会发展进步的原因，适者生存意味着拥有理解游戏规则、预测未来发展、执行前瞻性战略的能力。不确定性也许令人厌恶，但也给人们提供了在竞争中胜出的机会。

回顾历史，人类一直面对着不确定性，只不过不确定性的水平不同，问题的表现形式也不相同罢了。早期人类面对的是初级的不确定性，一般与安全感、食物、住所等基本需求有关。而在由复杂的社会体系和交织的经济关系组成的当今世界，关键的不确定性已经发生了改变。[1]现在的决策者一般更关心抽象问题，比如未来的科技生态、全球贸易体系或消费者需求变化等。尽管这些问题似乎截然不同，但它们都有一个共同点：从我们的特定视角来看，它们都反映了不确定性。当我们想要保证自己能够幸存时，或者当我们为公司评估市场增长潜力时，我们都是在试图为某个特定的利益相关者群体预测并解决一个确切的具体问题。这类问题是有能力的领导者和合格的顾问都可以弄懂的。

然而，近年来突然出现了一种新型问题，让人类应对起来十分棘手。这些棘手问题具有一个共同特征，那就是它们不仅与一个利益相关者有关，而且同时关系到所有利益相关者。因此，它们涉及不稳定的、复杂的、整体性的权衡。换句话说，传统的前瞻性问题解决方法已经不能保证战略的成功，而解决这些问题的逻辑，也不再是简单的"更快、更高、更有效率"。围绕着可持续发展、公共空间缺失、污染和气候变化产生的问题，都是这样的棘手问题。另

---

[1] 应该注意，为了基本需求而挣扎的现象仍然是存在的。根据世界卫生组织报告，在2017年，有超过8.2亿人遭受饥饿，1.51亿5岁以下儿童因营养不良而低于年龄标准身高（来源：世界卫生组织，2018年）。

外，移民问题、全球治理体系以及其他一些更加重大的社会问题，也同样符合棘手问题的定义。过去几个世纪以来，在解决棘手问题方面，我们几乎没有成功的记录。❶

人类为何需要面对越来越多的棘手问题，其深层原因可能恰恰是我们这个种族已经取得的巨大成功。我们几乎占据了地球上每一寸人类可以踏足的土地，下一步的目标已经指向了太空。我们已经将我们的社会和经济连为一体，逼近了增长极限。❷除非能很快找到拓宽发展空间的新方法，否则我们将越来越依赖于"质量提升"，而不是"规模增长"。

我们生活的时代，是一个肉眼可见以指数级速度进步的时代。作为消费者，我们每隔几周就能看到新款的手机上市，它们拥有难以置信的功能和极高的运算能力。作为旅行者，我们被前所未见的超高层建筑所震撼，同时也能轻松地环球旅行。奋勇向前、永不止步是我们这个时代的宣言。"未来会是什么样子？"在苏格拉底或奥古斯都的时代，如果我们向一个古希腊或古罗马人抛出这个问题，他们的答案能够描绘出中世纪的场景吗？显然不太可能。

此外，不仅仅有进步和成功，失败和误解同样是我们这个时代的特征。我们总是在争取最好的，但最好的却并不总是最适用的。可以想一想航空业——一个有着较长规划周期的行业，其中的

---

❶ 棘手问题（wicked problems）是指独特的、非常难以解决，甚至是不可能解决的问题。对于棘手问题，既没有暂停的办法，也没有正确或错误的解决方案。它们常常涉及多种来源的复杂性，例如科技的或社会的复杂性。

❷ 参见Meadows, D.H. ; Meadows, D.L. , Randers, J.; Behrens, W.W. III. (1972). The Limits to growth: A report for the Club of Rome's Project on the Predicament of Mankind. New York: Universe Books.

佼佼者，不管是协和式超音速喷气式客机❶还是空客A380❷，都算不上成功。对于这个行业来说，时代变化太快了，飞机制造企业没能跟上时代的潮流。我们并不知道未来会发生什么，而且到任何时候，我们应该都做不到这一点——这要归功于不确定性。然而，我们需要找到应对不确定性的方法，以便在不确定的情况下做出决策。

为我们所面对的基本问题找到答案，是全世界哲学家的目标。勒内·笛卡尔（René Descartes）——塑造了现代西方思想的核心人物之一，他一生都相当具有怀疑精神。作为一位哲学家，他大部分著作的焦点是认识论（gnoseology，希腊语），试图回答一些关于知识的基础问题：人是怎样认知事物的？人是如何获得意识和理解力的？一个人是怎样确定了某个事实的？信念和主观意识在产生确定性方面，扮演了怎样的角色？

并不让人意外的是，年轻的时候，笛卡尔会致力于解决一个基本问题，即对自己创造有根据的见解的能力的怀疑。1637年，他发表了《方法论》（*Discourse de la methóde*）第四部分，其中构建了一个原则，成为他之后工作的基础。该原则是"Je pense, donc je suis"，一般被翻译为"cogito, ergo sum"，即"我思故我在"。

笛卡尔的意思是"我们在质疑其他事物时，不能同时质疑我

---

❶ 尽管协和式超音速喷气式客机是一个现代机型，但由于它燃油效率低，所以它基本是失败的。该机型从伦敦飞到纽约需要超过100吨燃油，而波音777只需要大约44吨。

❷ 2019年，空中客车公司宣布将于2021年停止生产空客A380，原因是消费者的需求发生了变化，并且航空公司更偏好小型的、高效的飞机。

们自身的存在。"❶这一思想后来成为西方哲学的根基。尽管存在质疑，但这一思想是在力图为认知确立一个安全的基础。笛卡尔坚持认为，尽管其他认知都可能是虚构的事物或是错误的观念，但对于自身生命的怀疑，至少是一个能够证明自身意志存在的证据。按这种思路，如果要形成思想，必须要有一个思想实体。❷

多年之后，安东尼·莱昂纳多·托马斯（Antoine Léonard Thomas）发表了一篇文章，文章对笛卡尔的著作进行了思考，准确地表述了笛卡尔的意思："我怀疑故我思想，故我存在"。❸

"我思故我在"的思想，是人类的永恒洞见之一。怀疑引发了我们的反思和思考，而反思和思考又定义了我们。没有怀疑，就没有研究，没有哲学，当然也就没有战略。

静态战略的陷阱

怀疑让我们产生了相悖的观点，并需要从中做出选择——生活中充满了选择。我们的存在本身就是一系列无穷无尽的选择的结果。这些选择大部分无关紧要，但有些则意义重大，甚至足以改变人的生命轨迹。

在有些环境中，其他人会替我们做出选择。我们一生都在经历这样的事。一开始，是我们的父母为我们做出最符合我们利益的

---

❶ 参见 Decartes, R. (1853). *The Meditations and Selections from the Principles of Philosophy* (p. 115). Edinburgh: Sutherland and Knox.

❷ 参见 Störig, H. J. (2006). *Kleine Weltgeschichte der Philosophie* (p. 355ff). Frankfurt am Main: Fischer Taschenbuch.

❸ 参见 Thomas, A. L. (1765). *Éloge de René Descartes*. Whitefish, Mont: Kessinger Publishing.

选择，这甚至在我们出生前就已经开始了。在很多文化中，父母为我们选择名字，从而确定我们身份中最核心的部分。在我们整个童年，他们继续为我们做选择。显然，他们这样做是为了帮助和保护我们，因为我们过于幼小，无法把握很多艰难选择背后的复杂性。我们可能会因为过于冲动或幼稚，无法理智地思考问题，或者我们只是在思考其他更重要的事情。当我们长大成人后，在我们需要医学治疗时，会面临相同的情况。专业人士将代表我们选择最好的行动方式。在我们身边，有各种各样慈爱的"独断专行者"，他们中大部分人做出的决策，是为了我们的生活更加舒适、更加可控、更有条理。

如果决策者在确定一条行动路线时，不仅要代表我们的利益，还要同时代表其他人的利益，事情就变得复杂多了。在制定课程和为学生的表现打分时，教师需要考虑整个班级的进步，而不是某一个学生的情况。同样，当我们选出的政治家除了代表我们的利益，同时也要代表其他社群的利益时，他们会尽力找到能够平衡各方利益的最佳方案。在最糟糕的情况下，他们不得不在人类生命和更大的社会利益之间做出艰难的抉择。例如，可以想一想如下情况：一架被劫持的客机正在向着人口稠密的地区飞行，要不要将其击落呢？

另一个决策者团体是经理人，或者按照经济学理论，我们将他们称为"代理人"。一般来说，他们通过代表企业所有者（股东）将企业利润最大化来获得报酬，这导致了经典的"代理—股东困境"。一些经理人会谋求短期效益，但更加明智的执行官将会努力平衡短期效益和长期效益，来保证企业的长期发展。他们在努力保持企业市场竞争地位的同时，还需要兼顾股东、雇员、监管部门以及社会大众等各方关切。❶过去几十年，我们曾目睹过很多只考虑股东权益、一味追求利润最大化的尝试都失败了。戴姆勒–奔驰和克莱斯勒合并案的惨败，告诉我们，"天作之合"也可以成为"警世恒言"。因此，很多经理人认识到，将股东的权益和利害关系人的关切结合在一起，对于实现可持续的长期收益十分重要。

本书的主要内容是在一个复杂的世界中，针对一个复杂的实体，该如何改进决策程序。在这里，我们必须清楚地说明，这件事本身就具有相当的挑战性。然而，这完全不是什么新的尝试。几千年来，关于战略的艺术和科学一直在给军队、国家或企业寻找最佳的可行性行动路线。在我们这样一个快速变化的世界中，战略的基本规则仍然适用，让人颇为欣慰。归根结底，战略就是知己知彼、未雨绸缪、发挥长处，为成功建立一个可持续的基础。当然，做起来并没有说起来这么简单。

制定和执行通往胜利的战略是非常困难的。首先，我们在制定战略时，总是处在一定的限制条件下，比如信息不完全、人的主观性以及时间的压力；其次，可以很肯定地说，竞争对手至少跟我们一样聪明、机智、投入、灵活；最后，最重要的一点是，生活总是那么多变。

向动态战略思维的转变

当今世界，决策者不得不在动荡中穿行。在国内和国际层面，

❶ 关于委托代理理论的更多信息请参阅Eisenhardt, K. (1989). "Agency theory: An assessment and review". Academy of Management Review. 14 (1): 57–74 or Rees, R., 1985. "The Theory of Principal and Agent—Part I". Bulletin of Economic Research, 37(1), 3–26 and Rees, R., 1985. "The Theory of Principal and Agent—Part II". Bulletin of Economic Research, 37(2), 75–97.

社会价值、政治环境和市场情绪始终在互相作用。这些模棱两可的驱动因素导致了不稳定的均衡状态。在制订最佳方案时，战略家们必须将这个复杂而动荡的背景考虑在内。

举例来说，决策者在进行战略规划时，需要克服的挑战不仅是内部的复杂性和激烈的竞争，还包括内部世界的无序性。市场和社会都是动态的。我们的世界正在日益老龄化、数字化，假信息泛滥成灾，人们在对短期利益的贪婪和长期生存的需要之间挣扎，神经处在崩溃的边缘。这些都在同时发生，所以我们的世界当然会显得如此动荡不安、捉摸不定。

如果想要证明环境有多糟糕，只要想一想某些公司、公共实体和社会团体近些年来采取的明显有问题的战略决策，就明白了。很多大型公司垮掉了，原因是它们在技术和社会已经发生了巨大进步的情况下，错误地判断了自己控制市场份额的能力。很多曾经一度定义了市场并占有过巨大市场，但最终被从王座上掀翻的企业，它们的名单可以列得很长。柯达、百世达、诺基亚只是其中的代表。柯达，曾经是模拟摄影市场的绝对统治者，它还曾试图阻挡足以改变现有市场的科技进步，而不是利用其独特的地位来重塑市场。百世达，录像带出租行业的领头羊，错过了市场模式和销售渠道变化的机遇，最终被像奈飞公司（Netflix）（百世达本可以以50万美金的价格轻松将其收购）这样的颠覆者所推翻。移动电话的先驱诺基亚，曾一度是无法撼动的市场领导者，因为无法满足消费者的期待，而最终被其他厂商取而代之。从前很确定的事情，比如全球化的持续深化以及欧洲国家的一体化进程都受到了挑战。今天，关于世界秩序的逻辑，已经有了不同的选项。

战略，就是决策者为了保障长期成功而做出的深思熟虑的选择。"战略"一词源于古希腊名词"strategos"，意思是"指挥军队的艺术"。与军队中的将军们一样，企业中的战略家需要选择做什么和不做什么。在开始战斗之前，他们需要确定作战地点、作战队形和战士们使用的武器。然而，战略不仅是指导即刻将要执行的行动，还需要保障将军在部署军队时，军队已有必备的能力。今天种下的种子不会立刻结出果实，但是会在未来提供帮助。战略决策并不会总是直接惠及决策者，但一定能够决定组织和继任者未来的行动路线。很多决策者在制定规划时，并不仅仅依赖直觉，还会应用战略框架。问题是：为了形成可持续的成功计划，应用战略框架需要我们理解身边的驱动力和复杂性，并将其考虑在内。然而在当今世界，各种趋势互相嵌套、共同作用，战略抱负和现实之间几乎会不可避免地发生碰撞。在制订计划的过程中，领导者总会面对不确定性和外在的推动力。不过在之前的数百年中，这一点没有如今这样关键。从前，由于全球供应链尚未形成，一场战争仅仅是一场战争，只会影响到参战各方。现在，战争的影响范围远超参战各方和直接伤亡人员。这里只列举几个方面的例子，现代战争会影响全球新闻界、全球供应链和股票市场。过去，地球另一边的人们的意见如果不向外传播，就可以被忽略，今天，人们的意见可以在全球发挥作用。

一眼就能看出来，这些环境变化对于战略有着更深的影响，比如汽车自保银行部门。如果你没有听说过自保银行，也不必紧张。它们是汽车生产商和银行业之间一个细分市场上的参与者。你在买车的时候，可能会遇到这样一家企业。自保银行一般与一个汽车品牌紧密相关，是具有特别优惠条款的金融解决方案供应商。

自保银行会为你的新车提供一个租赁计划或一笔贷款，其中的条件常常十分优惠。能够提供这样优惠的条件有很多原因：比如它们的融资条款常常得到汽车制造商的交叉补贴，希望通过减轻你的财务负担，卖给你一台型号更大、具备更多附加功能的车。到这里，一切似乎还是直截了当的，但是自保银行在为你提供一个让人无法拒绝的报价时，它们的袖子里还有另外一件法宝：更好的信息。鉴于跟母公司的关系，它们能比普通的零售商获得更多的信息。这能够帮助它们比普通的零售银行更加准确地评估汽车的现值和未来值。因此，对于普通银行来说，汽车残值是一个更大的金融风险，而自保银行需要收取的风险溢价，就比普通零售银行要低一些。在这场博弈中，不管是汽车制造商、自保银行，还是消费者，显然所有的参与者都能从中获益。

这样一来，自保银行真正的竞争者只有其他的自保银行。然而，由于一家汽车制造商往往只有一家自保银行，竞争实际上根本就不存在。结果就是，只要自保银行能在评估其母公司生产的汽车未来值方面做好工作，它们的利润率就会非常高。因此，在数十年里，自保银行为它们的母公司提供了相当可观的盈利比例。

如果不是自保银行的生存环境中发生了一系列无法预料的事件，这个美好的故事本来可以一直持续下去。第一件事是电动汽车正在以比预计更快速、更彻底的方式改变着汽车行业。现在真正不能确定的唯一一件事是，传统汽车的主流地位会在什么时候、以什么样的形式让渡给电动汽车。直到最近，大部分汽车制造商还认为他们在控制着这一变化，认为可以通过价格信号来控制人们对电动汽车的接受程度。然而，科技、公众认知和相关法规方面的一些变化显示，汽车制造厂商的这种笃定可能只是一种幻想。电池技术比预计的成熟速度要快，这导致电能存储装置的成本和重量下降的速度也比之前预想的快得多。

第二件事是大众汽车集团"柴油门"事件使得公众对传统动力汽车转而持反对态度，而更加重要的是，在关键领域里，政界人士和监管者似乎与公众的意见一致。有人可能会辩称公众意见还会再次改变。这无疑是没错的，但自保银行已经受到了损害：它们对汽车残值的预估能力遭到了打击。在这种情况下，它们与汽车制造商之间的关系可能不再是一种竞争优势，而成为一种风险。它们掉进了一个陷阱：错误地判断汽车的未来值与它们母公司认为的未来值一致。鉴于自保银行的残值预测模型不确定性突然激增的问题同时影响到所有参与者，人们可能不禁得出结论：这只是一个小插曲。最终，专业观察者可能会说，这一行业将会迎来新的竞争平衡，到那时候，所有的市场参与者将不得不驶入同一片未经探测的水域。然而，这种狭隘的技术性预期是靠不住的。围绕在自保银行周围的塌方情况之严重程度，远不是发出几个危险信号、警告它们需要做出调整就可以解决的。整个汽车行业正在经历新的重组。

过去，在大部分靠近汽车工业核心区的市场上，所谓"能够出行"的概念，一般意味着拥有一辆汽车，这种教条的想法还能再持续10年吗？首先，从前对汽车制造商没有什么吸引力的市场，正在快速成为未来人口流动的热点地区。汽车制造商正在密切关注亚洲的大型经济体和新兴市场，并开始思考"驾乘乐趣"和公司用车计划是否会水土不服。在未来的市场中，竞争形势将会由新兴中产阶级的购买力、客户价值、环境压力和政策管制塑造而成。在大部分汽车制造商所在的成熟经济体中，新的力量正在发挥作用。我们的社会正在变老，城市化率仍在提高，新成长起来的年轻一代是数字时代的原住民。拥有一辆汽车的必要性消失了，同时所谓拥有一辆汽车的概念也发生了改变。曾经的身份象征，如今变成了一种浪费的标志。

如果说该行业中的每个人都对这一明显问题心知肚明，那么为什么汽车制造商和它们的融资机构为之做好准备如此困难呢？答案是复杂性和惯性。汽车工业集团都是规模巨大、包罗万象、全球运营的企业实体，深植于各自的社会之中。启动一场文化、组织和技术的变革将需要极大的努力。另外，变革启动时，并没有清晰的目标图景——因为谁也不确定15年后，汽车行业会变成什么样子。这样一来，即使是最有远见的首席执行官也会踌躇不前。

另外，还有一个根本原因：组织内部的认知偏误。表面上，汽车制造商传统的战略规划方法看起来很有效果：将它们变成了市值最高的企业之一。公司是通过技术和经济两个视角来看待周围的世界的。专业人士以技术更新和汽车的市场需求为基础来确定增长潜力，他们基于详尽的分析，设计出最好的战略规划，计划期限为3年、5年或10年。之后，剩下的工作就很简单了：只要你在落实规划时，努力发挥最大效力，就一定会成功。毕竟，组织中所有能够发表意见的人都赞同这一规划。很多收费高昂的咨询公司，为了它花费了大量的时间和努力，所以这样一份规划的逻辑必然无可挑剔。

然而，决策程序常常就是从这里开始脱离正轨的。决策者倾向于相信他们的战略规划，因为毕竟组织在制定过程中，投入了全部可动用的资源。制定者的想法是：战略将持续使用多年，所以我们必须把它做好！反过来，开发战略规划的专家，也将竭尽全力向他们的产品注入信心和保证——毕竟，管理层将公司押宝在他们的规划上，他们必须把它做好！

这两种观念结合在一起导致了麻烦。在这一过程中，所有的利益相关者将会竭尽所能来减少最终规划中的不确定因素。大量的深入思考和研究会成为解决方案的一部分。然而在现实中，战略规划人员没有什么选择余地，为了得到一个简洁、清晰、无歧义的结果，他们只能走一条捷径。因此，他们会提出清晰或模糊的假设，假定某些假设会在将来变成现实。在选择数据和战略选项时，他们会优先选择那些贴近这一现实的。这样得到的结果在简洁度和说服力方面往往很强大，但其本质上是简化了的静态战略思维。静态战略倾向于剔除复杂性，创造一种具有误导性的信心，它容易受到战略选项中安全的中间区域的吸引，即使在应该考虑更加大胆的战略行动时也是如此。

静态战略思维是很受欢迎的。当我们弄清了市场、社会或科技领域最常见的行为方式，就会发现这种思维方式减少了需要规划的选项数量。这样一来，决策者和他们的支持者就可以将全部注意力放在快速完善规划细节上。规划过程成果丰硕，但这使相关性受到了损失。我们选择忽视重要的不确定性，因为这样做的风险显然很小。这种偏误对决策者和顾问们的生活毫无影响。一方面，如果一切都按照规划发生，顾问们就展示出了他们对行业的深刻洞见，证明了自己的专家地位。而另一方面，通过实现决策过程效率最大化，决策者证明了自己的领导能力，所有人都能获益。

如果生活开了个玩笑，意外事件发生了，不管是决策者还是顾问们的责任都很有限。最坏的情况不过是管理团队暂时失业而已。下一轮接任者仍然是静态思维的管理者。咨询公司换一个项目，管理者换一个工作，生活一切照旧。市场的自我修复力量终将根除错误、反应太慢或过于静态的战略。最终，一些企业会做出正确的选择，所以我们看到的是最纯粹的进化之路。

然而，我们的经济和社会为这种螺旋形的进化方式付出了代价，因为这种方式需要耗费大量时间、资源和努力，才能得到正确的战略。静态战略思维降低了效率，丧失了本可以获得的更高的投资回报率、更少的繁文缛节、更高的灵活性。到了现在这样一个灵活性随着数字化不断提高的时代，战略家们才幡然醒悟，开始思考是否有一种更好的战略规划方式。打个比方：多年之前，我们就已经发现有新的选择可以替代过时的印刷地图，可以互动的电子地图极大地改善了驾车效率和驾乘体验。而在一个动荡的竞争环境中为一个复杂组织导航，我们能够依靠一张动态地图吗？制定一个这样的超级动态战略需要我们做些什么呢？

动态战略的三个维度

鉴于传统战略规划有种种不足之处，公众对于高层管理者和战略咨询专家的态度，毫无意外地不太宽容。批评内容通常是决策者脱离现实、追求错误的优先项，对解决基层的真正问题没有兴趣等。无疑，这些批评都有道理。然而，在谴责整个专业领域之前，我们退后一步，思考一下：在一个不确定的世界中，只有超人般的战略专家，才能制定出正确而复杂的战略决策。这样一个人，至少是一个圣人、文艺复兴时期的学者和《夺宝奇兵》男主角的集合体。

之所以说这样的战略专家是圣人，是因为理想中的决策者需要具备一种整体、无偏、持续的长远眼光。他们有自己的思想、明白轻重缓急，并且其所作所为，都是严格遵循这些价值观的光辉典范。之所以说他们是文艺复兴时期的学者，是因为理想中的决策者拥有包罗万象的知识，并且不管是在理论还是在实践方面，都能够跨越不同专业领域之间的鸿沟。不仅如此，他们还得有一些印第安纳·琼斯（《夺宝奇兵》男主角）的成分。之所以这样，是因为理想中的决策者需要与世界正面交锋。他们将与问题和人战斗，会持续探索，并能够同时与朋友和敌人产生共鸣。

换句话说，为改善决策质量，一个超级的战略专家需要为三个理想而奋斗：一是原则清晰，好的战略思维需要以一个能够得到大家认可的清晰假设、价值观或原则作为开始。二是**有效性**，好的战略思维会拥抱和解决组织内外的不确定性，并将不同意见和不确定性纳入在内。三是**相关性**，好的战略要可执行，要详尽地识别可行的战略选项，即使面对不确定的情况也能全力实施，并且由于不确定性的存在，还要能够考虑战略随时间变化的弹性。

原则清晰：目光高远

所谓战略，就是以创造可持续的竞争优势和保证长期成功为目的进行选择。在你认为这是"小菜一碟"之前，请注意这些看似简单的声明后有大量的脚注、条件和免责声明。制定战略既是一门艺术，也是一门科学。而对于是否存在完美战略，人们也没有达成一致意见。

首先，不管怎么说，战略是处理人的事情，涉及他们的偏好和选择。因此，反思和艺术都是一个优秀战略不可或缺的元素。合格的战略专家需要对自己的"框架"——怎样看待世界、怎样评价对周围环境中的观察结果有所了解。同样重要的是，他们需要关注他人的思维框架。因此，合格的战略专家需要自知、自警，同时能够感知和理解其他人的价值观、想法和立场。

这是一个极为重要的概念。战略要求我们理解自己从周围世界观察到的事物，这就必须使用我们的判断力。人与人之间、组织和组织之间观察和判断周围世界的方式大为不同。毕竟，我们都有自己的判断力、自己的价值观和自己独特的经历。并且，通过不断了解其他人的想法，我们也在补充自己的经验。他人的有些观点，我们会直接尝试采用，还有一些好的观点，我们会留待未来参考使用。

在我们努力制定出最好的战略时，最终是我们对周围世界的观察结果的质量与我们思维框架的有效性相结合，决定了这些决策是否会成功。换句话说，出众的洞察力（意思是发现什么正在身边发生）和出众的理解力（意思是对这些观察结果的意义的判断）相结合，才能取得成功。因此，综合的战略智慧是本书的核心概念之一。

第2章，我们将围绕情境思维，关注如何建立一个能够帮助我们研判这个复杂世界的体系。而在第3章，我们将重点关注复杂性科学和人工智能方面的最新发展。不过，现在我们先看一下，如果想得到这样一个体系，需要些什么——战略专家需要得到一张包含下面四个维度的动态地图：

- 当下的竞争格局，这是我们的出发点。
- 能够决定最佳行动路线的驱动力。
- 目标图景，即我们想要达成的目标。
- 作为结果，列出一张战略选择列表。

第一个维度是我们需要了解和理解的竞争格局。显然，把市场范围缩小，小到你在其中总是第一名的程度很容易。然而，在你没有理解自己所在的市场之前，第一名并不重要。也许你在你的领域里是第一名，但是另一个领域可能会颠覆你的领域，取代你的市场，并最终将你驱逐出去。这种现象在市场上曾经发生过，可以想一想之前介绍过的数码相机导致柯达破产的案例和百事达因流媒体平台而衰落的案例。它们都曾是各自竞争环境中的领导者。然而，游戏变了，它们没能及时做出反应。

不确定性和可能发生的变化，常常并不是突然从天而降的。虽然并不明显，但它们还是可见的。世界上存在很多驱动力，也许其中之一并没有塑造未来的能力，然而当它们交织在一起，就能够指明未来的道路。因此，理解我们周围正在发生着什么，以开放的心态去观察自己领域之外的世界，十分重要。要做到这一点，我们必须脱离自己狭隘的思维方式，拥有开放和好奇的心态。我们需要到其他的行业和其他的地方看一看，了解是什么在影响着人们的想法。一旦我们知道周围有哪些驱动力，就能开始理解它们。

只了解战场和其驱动力并不够。我们还要有目标和对胜利的渴望，它们指明了我们希望到达的目的地。战略能为我们指明道路，但是为了能够选出正确的道路，我们必须知道终点在哪儿。显然，目标在保持稳定的同时，要具有弹性，能够适应变化的环境。在过去，成为顶级的数字激光视盘（DVD）播放器生产者很有意义，但是在流媒体时代，这件事就没什么意义了。只要想一想，过去6个月你看了几次DVD，又在网上看了几次视频，对此就没有任何疑问了。因此，我们需要在目标中注入同一性，并在追寻目标的过程中，有信心克服不确定性的危害。

为实现目标并保持相关性，我们需要一系列战略选择来帮助我们保持赢家地位。一些战略选择要十分稳健，无论未来怎样，它们必须实现。其他一些战略选择则需要是动态的，在一定的条件下才能成功。稳健的选择赋予了战略稳定性，而动态选择赋予了战略灵活性。

战略一般要同时兼顾短期和长期目标。显然，我们想要短期产出最大化，但我们同样想保证未来的成功和盈利。将这些想法结合在一起，对于企业的决策者来说是一个重大挑战。因此，关于怎样构建战略思维，一个非常基本的要素是规划的时间范围。时间范围是战略的指路明灯，让我们能够正确地沿着选定的路线前行。然而，战略也因此要面对一个有史以来一直困扰着人类的问题：选择即时消费还是延迟消费？经济学家将其称为跨期优化问题。我们可以举一个刚刚把收成拉回家的古代农夫的例子。他既可以立刻用收成来喂饱饥饿的家人，也可以把一部分存起来留待未来使用。他还可以做出一些投资决定，用一些收成作种子来种植新的作物。甚至他还能将土地卖掉。即时消费和出售资产具有最大的短期影响，当然这也为未来带来了挑战。同样的道理也适用于面向未来的决策。留种或种植更多的作物，会增加未来的回报，但是会对当下造成问题。所有的决策者都要面临这样的情况。今天的世界是受短期思维驱动的，决策者只是对突发事件做出反应，而不是提前筹划。我们不再奢侈地让自己畅想未来。我们常常只对此时此地感兴趣。股市以秒为单位给资产赋值，而不是以年代为单位。这对于所有的决策者都是一个挑战。他们必须从根源上解决问题，重构战略管理。我们已经知道了这一挑战的解决方案：接受整体视角和长远眼光带来的痛苦，同等地考虑当下和长远的未来。这样做会带来痛苦，但是在我们看来，如果不尝试一下，我们就已经输了。长期规划并不是一座纸牌屋，而是一座永恒的城堡。

虽然第一眼看上去，改变既有的思维方式和惯用的工作程序似乎非常复杂，但本书建议的方法，不管是在工作程序还是在沟通方面都以简洁为目标。你不可能从我们周围的不确定性中逃脱。为了应对不确定性，我们需要将其分割成"可消化"的片段。不过，这需要所有牵涉其中的利益相关者的承诺——不带偏见地思考所有的因素，以不偏不倚的态度看待世界、听取别人的意见。因此，我们需要时刻将镜头拉近，观察细节，然后再将镜头拉远，在全景里看看什么正在发生。拼图可能是最好的比喻。我们要能单独理解其中每一片，但同样要能够将它们联系起来，理解整个画面。另外，我们不仅需要信任战略规划本身，还要相信战略规划的作用，并为执行战略规划提供支持。最薄弱的环节决定了链条的强度。如果我们对长期目标的实现有所怀疑，那么我们就会无法实现它。当我们困守原地时，其他人已经大步向前去塑造未来了。

不管怎么说，决策者需要从行动中获得收益，或者至少能够看到收益。这也是我们向投资界发出呼吁的原因：目标必须支持长期思维和行动。通过这种方式，我们能够平衡当今短期目标优于长期目标的诱导因素。但是，目光长远的优势又是什么呢？在我们看来，有三个关键优势。第一，从内外两个方面（内部是长期的赢利能力，外部是社会价值）增加了组织的可持续性；第二，增强了战略的力量，因为它将更加容易理解和执行；第三，因为叙事清晰，战略取得实际成功的概率提高了。

有效性：拥抱不确定性和管理复杂性

制定战略似乎并没有什么压力：市场调研，根据实际数据和一个良好的市场模型得出结论，将其代入组织并评估成功的可能性，然后在必要时做出调整。如果你不想自己做，很容易就可以找到一个咨询公司来为你设计一个战略。纸面上，战略很简单：采用普遍接受的市场逻辑来推测未来。理论上就是如此，但是考虑到我们周围不断增加的复杂性和不确定性时，事情就复杂多了。在整个战略管理过程中，规划人员的目标都是消除复杂性和不确定性，为世界画一幅简化的画像。我们常常倾向于假设周围的世界在未来仍会不变。但无论怎样，在组织内部环境中，决策者都有能力在一定程度上控制各种情况下的复杂性和不确定性，更多的挑战和威胁来自外部环境中的复杂性和不确定性。为了针对性地克服这一问题，决策者必须亲自上手，从现在起预测未来并做出决定。任何顾问或咨询公司都无法替他们承担这一责任。

复杂性和不确定性常常导致过去成功的方法不再有效，因此，企业不得不做出改变。然而，企业并不总是能认识到改变的必要性，甚至即使他们承认自己必须得改变，也经常没有能力做出重大决策并付诸实施。源于外部的、环境的和组织内部的复杂性和不确定性，带来的挑战是迥然不同的。环境的不确定性和复杂性是无穷的，对其进行研究几乎不可能。所以，其挑战之处在于从广度和深度两个方面，全面掌握和理解我们身边发生的一切，而不会导致事情过于复杂。同时，企业也面临着组织内部的惰性思维和筒仓式思维❶的挑战。因此，企业需要去探寻一种真正的对话，允许大家提出各种各样的意见。

为越过这些障碍，我们需要拥抱不确定性、管理复杂性。通过更多的调查研究来降低不确定性的程度，并且还要使系统和决策更加简洁——这个任务似乎是不可能完成的。现有的解决方案是建立基于技术和人两种关键因素的综合智能系统。

在技术方面，我们正在经历一场革命，它让我们能够以前所未有的方式来处理事务。自动化技术已经不再像以前那样愚蠢。人工智能使得自学的智能算法成为可能，从而可以使用一种高效的方式来处理任务。制定战略的人员通过人工智能获得了一种原始数据分析能力，并将其与宽广的研究范围和强大的模式识别能力结合起来。经过机器解释，战略人员能够轻松地观察和监测大量数据点集，并得到处理过的结果。人类在这个方面的能力很有限，很难发现某个变化正在发生。然而，因为现在机器拥有几乎无穷的高速分析能力，所以通过机器，我们可以明显观察到这样的变化。

在这一点上，出现了一些道德伦理问题：我们是否真的想要被算

---

❶ 筒仓式思维指的是条块分割的思维和行为，它会阻碍协作，而协作是处理高度复杂问题所必需的。筒仓式思维让我们只会站在自己的角度看问题。——编者注

法做出的决策所驱动？我们是否更愿意在配备了最佳工具的同时，仍然把方向盘握在自己手中？假如技术是唯一的区分标志，那我们可以预见，少数人工智能会形成垄断。假设每一台电脑都得出了同样的完美结论，那么这些人工智能会替我们管理，大部分战略人员也将被替代。然而，世上并没有总是能占据统治地位的完美有效的战略，这还要归功于我们的朋友——复杂性和不确定性。因此，我们相信人类仍将发挥重要作用。人类可以统揽全局并利用自己的判断和直觉，综合考虑机器输出的运算结果，从而得出最可能的答案。

在管理复杂性的同时拥抱不确定性，需要一个能够提供支持的组织环境，给组织内的决策者赋权，并建立一种批判性思考的文化。这种文化应该给组织中的每个个体赋予一种具有探索性的、善于移情的思维方式。我们必须不仅盯着那些冰冷、生硬的数据，还要把目光投向活生生的人类，以及我们的感受和直觉。因此，决策者需要经受训练，能够在专心致志的同时兼顾周遭。为避开团体迷思和筒仓式思维的陷阱，多样性是必需的。而且这种多样性不应只满足于基于纸面数字的人员比例，还应是基于思想方式的多样性。为做出正确的决定，我们需要持续专注，并保持警惕。因此，决策者需要拥有最好的决策支持工具，并将它与人类的判断力结合使用。

当成功地拥抱不确定性并管理复杂性时，由于更好地理解了周围的现实，你的战略的有效性增加了。由于你比之前预见了更多的障碍，这也将加速你对战略的实施。

相关性：带着目的去实施战略

一则非洲谚语这样说：“明天属于那些今天时刻准备着的人。”然而，我们经常看到优秀的计划和战略最后被锁在了抽屉里，而不是得到了实施，或者它们仅仅因为没有满足现实条件而失败了。动态战略的基因中的核心部分是，它以行动为导向，从而具有了可执行性。所有有效的战略都需要基于三个"P"：目的（Purpose）、原则（Principles）、实用主义（Pragmatism）。

- 目的：真正的激情需要目的，需要理解我们做一件事的原因。如果我们不知道自己为何而战，就不会涉入战斗。因此，所有的动态战略都要以一个重大的战略问题开始，它需要参与者在理解和认同解决它的必要性之后再去解决它。
- 原则：就像烹饪一样，不管是按照食谱一步步来，还是大脑里已经有了确定的程序，在我们的战略中，我们仍然需要一些关键的原则来保证其有效性，并保证我们能够实现目标以及避免混乱。
- 实用主义：仍然用烹饪做比喻，为使菜品达到极好，而不只是平常，主厨要注入他们自己的创造性，在完成任务时，兼具艺术感和实用性。动态战略需要超越千篇一律的方法，利用直觉做出实用性的决策。

应对最为紧急的战略问题，建立和定义一个动态的、以行动为导向的战略听起来是凭直觉获得的。然而，对很多组织来说，这会带来剧烈的变化，会改变它们传统的控制体系和思维方式。因此，在实施动态战略时，最重大的挑战是将原有的静态指挥控制体系和管理模式替换掉。实现这种变化常常比开发战略本身更加困难，因为这需要创造一种包含了知觉共享、有意识地交换创意、实用且有原则的管理文化。决策者和整个组织都需要弄清该怎样利用科技（如人工智能）去拓宽视野，以更好地观察周遭事物。决策需要有根据，换句话说，要基于实时的可靠数据库。这需要信任科技及其产生的结果。此外，我们需要将被科技取代的恐惧，转化为对科技加持的决策过程带来的新机遇的好奇心。有了新的工具和更加宽广的视野，一种超越筒仓式思维的更加自由的文化会逐渐浮现。领袖们高居等级制度顶层，认为只有自己享有智慧之泉的时代就要过去了。目的明确且可执行的战略，不会将非主流意见人士排除在外，它们会将不同意见视为一种财富。人工智能将决策者从耗时的数据收集工作中解脱出来，使他们能够专注于解读见解，并在基于互信、目的明确的公开对话中进行讨论。

因为战略既不是单纯的科学，也不是单纯的艺术，而是两个小世界的结合体，所以每个战略开发程序都需要找到自己的平衡。战略科学一方面具有聚焦、精确和一致性的特征。和在科学工作中一样，工作原则是理解战略开发程序的核心，并且不能遗漏任何一个方面。然而，纯粹的科学方法过于狭隘，因此需要一种艺术感来赋予战略一种能够超越当下的眼光。战略规划艺术需要创造力、沟通能力和一定程度的天赋。这将保证战略程序能融入一种富有灵感的新鲜视角，为根本性战略问题提供更加宽广的视野。有时候，战略需要用实用主义去战胜科学方法上的障碍，并且也需要决策者的直觉。然而，确定和执行策略是一种特权。这一任务的责任应该被分散到数个圈子中：决策者内部的圈子、组织内外专家的圈子和所有受到影响的利益相关者的圈子。为在实现总体目标的同时保持灵活性，战略需要确定能够指引我们行动方向的北极星。

在目的明确地实施一项相关性很高的战略时，你就已经在竞争中快人一步，获得了一种竞争优势。这一程序增加了形成错误战略的风险，但它同时也降低了路径修复的成本。

在第2章中，我们将展示情境思维与人工智能相结合之后，如何为战略程序提供便利，并确保组织获得成功。

传统情境规划的
有效性

什么是情境

不管是在私人生活、企业，还是公共领域中，主要决策者在做出关键决策时都肩负着重大责任。其中很多人因此意识到，如果他们想在未来取得成功，就要具有动态思维，并且要为打破平衡做好准备。然而，他们面对的是一个变化如此快速的环境，对于他们来说，保持信心迂回前进并不容易。作为个体，决策者只能观察和理解少量能够帮助他们预测未来的指示牌和信号灯（指征）。他们往往在认识到正在发生作用的力量时，已经来不及做出反应改变场上的形势了。他们只能在一个不能由自己直接控制，而是由外力决定的竞技场上做出被动反应。人们可以辩称有这种烦恼的人很少。但是，在新科技和变化的市场环境等多种因素造成的高度不确定性的情况下，需要做出重大决策的人，不仅仅是C级的执行官（最高层管理人员）或者是高层政界人士，我们在日常决策中也会遇到类似情况。你可以想一想涉及个人工作或职业路径的选择问题。尽管在有些文化中，人们对大胆的职业路径变化已经十分宽容，但在很多文化里，这种选择仍然可能给一个人的职业生涯带来长达40年的影响，决定人的命运。我们怎样才能确定某个职业是自己一生中能够实现个人目标和职业目标的最佳选择呢？我们认为，几乎没有人能够确定他们做出的就是最佳选择。因此，一个首席执行官收购另外一家公司或投资一家工厂的决策，与我们普通人做出的众多决策并无二致。不过一种是决定一家公司的未来，另一种是决定了某个个体的未来而已。然而，尽管不知道做出的决策会怎样演变，但我们仍然必须做出判断。我们可以通过使用情境，或者说是运用一种情境式的思维方式，来减轻我们做决定时的负担。在公共、私人和非营利组织领域，情境是一种不可或缺的战略工具。它不仅能够帮助

C 级的执行官们做出艰难的战略决策，在现实生活中，同样可以帮助每个人应对动态变化和不确定性，做出类似的决定。重大决定常常会产生长期的影响，因此，我们倾向于避开它们，只关注眼前的短期决定。于是，我们经常是生活在过去的结果中，而不是在规划未来的收获。情境思维帮助我们避免只专注于当下的问题和反应的错误。当我们把注意力放在今天的事务上时，经常会低估正在出现的变化。这不是一个我们买一台 DVD 机送不送赠品的问题，这是我们到底要不要买 DVD 的问题。现在，奈飞已经用它的流媒体服务回答了这个问题。它改变了行业面貌，并为流媒体行业开辟了新道路。比尔·盖茨对这一问题有一段著名的表述：

我们经常高估未来两年会发生的变化，而又低估了未来 10 年会发生的变化。不要让自己受到蒙蔽而无所作为。[1]

因此，决策者需要提出正确的问题，并在预测未来时选择合适的时间范围。

虽然未来是不确定的，情境思维还是可以帮助人们洞察未来可能的情况。这种思维方式使得决策者能够调整航向，穿过不确定性和动荡的风暴。在旅途中，在情境思维的帮助下，组织或个人得以观察到可能通向未来的发展道路和塑造未来的力量。这样一来，情境思维就帮助我们改变了大脑中的地图。我们的大脑就像一张地图，在引导着我们做决策。然而，与装备了全球定位系统（GPS）导航仪的现代旅行者相比，我们常常更像是早期探险家，手中的

---

[1]　参见 Bill, G., Myhrvold, N. & Rinearson, P. (1996). *The Road Ahead* (p. 316). New York, NY: Penguin Books.

地图是由从未实地考察过的人们凭着假想画出的。想象一下，一个16—17世纪沿着美洲海岸航行的探险家，他手里只有一张荷兰人绘制的地图。地图的制作者从未到过美洲，他绘图的依据都是道听途说的。不准确的地图本身并不是问题，只有当人们依据这份地图去航行的时候，才会出现问题。对于探险者来说，这会导致严重后果，如某个位置按照地图应该有一条河流时，河流却没有出现，就会无法补充淡水。在决策过程中，同样的情况也会发生。我们依据大脑中的地图做出决策，从来不会怀疑我们的假设。然而，如果这份地图形成时依据的事实是错误的，我们得到的就是一份错误的地图。它将会将我们引向错误的方向，并引发错误的决定和行动。而且一旦我们相信了这张地图，就很难再改变思维方式。这就是情境思维的初心——挑战你大脑中的地图。另外，情境规划能让混乱的现实逐渐变得有序，并最终让人们在决策时对未来充满信心。情境思维能够帮助我们将复杂的现象分解为更容易分析的子体系，并最终成为动态战略规划的选择工具。以这种方式，我们能将当下的关注点和遥远未来改变游戏规则的因素都考虑在内。

　　皮埃尔·瓦克（Pierre Wack），一位荷兰皇家壳牌集团（Royal Dutch / Shell Group of Campanies）[1]的法国执行官，是第一批将情境思维制度化，并将其引入私营部门的人士之一。对他来说，当"商业环境的变化速度超过你自己的反应能力时"，情境思维就有了意义。[2]情境迫使我们在思考时超越股票市场驱动的定式。它能让我们将注意力集中到长期的思考中，同时还能兼顾短期的思考和行

---

[1] 荷兰皇家壳牌集团于2022年1月22日更名为壳牌公司（Shell plc），以下简称"壳牌"。——编者注

[2] 参见Sharpe, B., & van der Heijden, K. (Eds.). (2007). *Scenarios for success: Turning insights in to action (Oxford Futures Forum)* (p. 28). Chichester: Wiley.

动。因此，这是一种将两个世界结合在一起的最好方式：用显微镜近距离观察身边短期内发生的事物，这些事物距离如此之近，我们原本可能会忽视它们；同时用望远镜远距离观察肉眼望不到的遥远未来。然而，这还不是全部。情境同样给我们提供了一个万花筒，让我们拥有了完全不同的视角。

　　并不是每一个人都能使用情境这一工具。情境规划法创始人之一赫尔曼·卡恩（Herman Kahn）说过：在思考那些想不到的事物时，开放的心态和想象力是核心先决条件。赫尔曼·卡恩是一位重要的未来主义者，他从20世纪50年代开始受雇于兰德公司（RAND），担任军事战略专家。❶通过拥抱不确定性，情境使我们能够对周围、组织中或我们大脑中长久以来形成的思维定式和思想认识发起挑战。但是，我们确实必须将开放的心态、想象力和铁一般的事实结合在一起。我们需要了解周围正在发生什么和客观的机制是什么。皮埃尔·瓦克是这样表述这些原则的：

　　　情境沟通了两个世界：现实世界和认知世界。它探索现实，但是它的目标是决策者头脑中的认知。它的目的是收集与战略明显相关的信息，并将其处理为全新的认知。❷

　　通过对环境的再认识，并由此对世界运行方式的所有假设提出质疑，我们能够从不同的角度看待和感受这个世界，就仿佛手持一个万花筒一般。这种方式给了我们一个清晰的视野去质疑现有的假

---

❶ 参见Varum, C. A. & Melo, C. (2010). Directions in Scenario Planning Literature: A Review of the Past Decades. Futures, 42(4), 356.

❷ 参见Wack, P. (1985a). Scenarios: Shooting the rapids. *Harvard Business Review*, 63(6), 140.

设。即使我们对于某些发展机制了解甚深，仍需要用开放的心态去打破常规。因此，情境规划与其说是一门科学，倒不如说是一门艺术。它在遵循科学原理的同时，需要一种开放的心态和创造性思维。

　　情境应对的是混乱和不确定性。然而，每个人对于不确定性及其处理方式的不同认知，都会反映在对情境的描述中。因此，不管是在学术理论还是在实践应用方面，情境都没有精确的定义。"情境"一词常常与"规划""预测""分析"等词联系在一起。因此，我们从经理人使用该方法探索和做出重要决策的角度，来思考一下关于这一方法的定义（逻辑上的，而不是采用考据与注释的方式）。上文中提到过的赫尔曼·卡恩，被称为情境规划法的创始人之一。他将情境定义为"为未来构建的一组假设事件，以弄清可能的因果事件反应链以及它们的决策点"。[1]哈佛商学院教授迈克尔·E.波特（Michael E. Porter）[2]被视为现代战略研究领域的创立者和最重要的管理思想家之一，他同时也是战略咨询公司摩立特集团的创办人[3]。他将情境进一步定义为"对于未来可能出现的事物的一种内在的连续的观察——不是预测，而是一种未来可能的结果"。[4]彼得·施瓦

[1] 参见Kahn, H., & Wiener, A. J. (1967). *The year 2000: A framework for speculation on the next thirty-three years* (p. 6). New York, NY: Macmillan.

[2] 2000年12月，迈克尔·E.波特获得了哈佛大学最高荣誉——"毕肖普·威廉姆·劳伦斯大学教授"称号，是哈佛大学商学院第四位得到这份殊荣的教授。

[3] 摩立特集团由迈克尔·波特、马克·富勒、约瑟夫·富勒、迈克尔·贝尔、马克·托马斯和托马斯·克雷格于1983年创立，与哈佛商学院关系密切。该公司的目标是将迈克尔·波特在企业界的工作理论化。摩立特集团于2013年被德勤收购，名字更改为现在的德勤摩立特。

[4] 参见Porter, M. E. (1985). *Competitive advantage* (p. 63). New York, NY: Free Press.

兹（Peter Schwartz）是最具影响力的情境思维智囊组织全球商业网
络公司（Global Business Network，GBN）的创办者，他将情境描述
为"一种人们用于对认知中可能出现的潜在未来环境进行排序的工
具，因为他们的决策将在这些未来环境中变成行动"。❶在他看来，
"情境规划的过程，就是对不可想象的事物进行想象的方法论。它
寻找的是不同寻常的智慧。如果决策需要对未来的确定性负责，那
么决策者将永远不会获得足够的决策基础。因此，在一系列可能的
未来的基础上，准备一系列可能的决策是很重要的。为未来所做的
准备，从不出错比偶然完全正确，结果要好得多"。❷

　　检视这些定义，你会发现一些共同点。情境规划源自不可能精
确地预知未来的经验。准确预测是不可能的，正如爱因斯坦所说：

　　当影响一个复杂现象的因素数量过于庞大时，大多数时候科学
方法就失效了。只要想一想天气问题就能明白，预测几天之后的天
气都是不可能的。即便如此，没有人怀疑我们面对着一种因果关系，
其因果因素大部分为我们所知。在这一领域中，准确的预测是不可
能得到的，因为有太多因素在发挥作用，而不是因为没有自然规则。❸

　　爱因斯坦的话诠释了大量预测和规划失败的原因。不管情况
好坏，这个世界都太复杂了。我们回顾一下过去——例如激光唱
盘（CD）的崛起。出于对未来CD销量的乐观估计，大量投资涌入

❶　参见Schwartz, P. (1991). *The art of the long view: Planning for the future in an uncertain world* (p. 45). New York, NY: Doubleday.

❷　参见Garreau, J. (1994). *Conspiracy of Heretics*.

❸　参见Einstein, A. (1954 [1982]). *Ideas and opinions* (p. 47). New York, NY: Three Rivers Press.

CD行业。如果知道苹果公司设计的系列便携式多功能数字多媒体播放器iPod和奈飞公司会出现，还会有这些投资吗？也许就不会了。然而，当互联网方兴未艾、音乐文件播放器MP3技术已经在发展之时，iPod、奈飞这些新生事物是当时人们能想象到的吗？有可能，但并不能一眼就看出来。因此，决策者需要用一种更稳健的方式去思考：对于一个能让公司或我自己成为赢家的决策，它真正的需要是什么？还有一个更加重要，也常常被忽略掉的问题：对一个导致全盘失败的决策，它真正的需要是什么？单维度预测可能不会是正确的方式。然而，合理而稳健的决策或战略，应该适用于我们用情境思维探索得出的众多关于未来的可能。通过这种方法，情境规划帮助公司和个人在设定战略或做决策时更富有弹性。并且由于在思考未来的需求时，情境能带来创造性思维，这也会让公司和个人更富创新性。

　　情境作为模型将现实和虚构结合在一起，建立起独特但是看起来非常可信的世界。因此，它们就像是在清楚地讲述未来的各种终极世界的故事，以及通往这些不同最终状态的发展过程。情境规划会观察趋势、事件、作用力，并将它们分类整理为相关的模式，连缀成不同但合理的故事。重点是故事的合理性，而不是可能性。情境规划的目的，是将新颖性与从历史决定论中生发出来的期待融合在一起，形成一种富有成效的关系。所谓合理，我们的意思是可以实现，但不具有确定性，这即是可能性概念所阐明的。

　　情境是一种对确定性混沌的认可——我们周围的世界太复杂，因此我们无法做出合理可靠的预测。虽然已经有了基于世界未来可能出现的情况对世界进行模拟的办法，但它们的运算能力不足以处理所有需要的数据。今天的世界正在经历指数级变化，处理器的速度也在增加，随着人工智能的进一步发展，合理性的世界将有可能与可能性的世界相融合，我们会在第3章讨论这一问题。不管怎样，现在我们先不考虑未来的技术是否有能力做出某些可靠的预测，而是基于合理性原则考虑我们最初的想法。尽管我们认为某些自然法则在发挥作用，但谁都没有能够预测未来的水晶球。有些人做出的预测，也许会在较大程度上正确，然而并不能保证下一个预测还会正确。我们曾目睹过很多"专家"成功预言过一次股灾，但并没能延续他们的成功，因为"专家"毕竟也是人。因此，合理性是情境规划的主要途径。

通过聚焦合理性而非可能性，情境可以帮助人们避免低估或高估长期风险的倾向。诺贝尔奖获得者、心理学家兼行为经济学家丹尼尔·卡尼曼（Daniel Kahneman）和他的合作者，心理学家兼决策研究者阿莫斯·特沃斯基（Amos Tversky），在他们的预测理论中巧妙地将这一点展示了出来。他们的理论风靡了商业界和经济学研究领域。由于对一件事的发生概率的预期不同，个体之间愿意承担的风险也不同，他们的理论正是衍生自对这一现象的理解。不过，期望效应并不重要。如果预期的结果是积极的，风险厌恶者倾向于选择已知的较小回报，而不是未知的较大回报。如果预期的结果是消极的，与未知的较小损失相比，当人们选择那些未知但包含着较大损失的选项时，他们已经做好了承担风险的准备。[1]因此，概率并不总是最好的测量标准，我们应该更多地将目光集中在更大的图景上——这是情境规划擅长的领域。

下面，我们将展示情境规划的两项核心原则：**由外而内的思考方式以及拥抱不确定性**。主要决策者使用一系列战略工具，以使战略更加动态化，并在市场上赢得胜利。其中有传统的分析工具，如

[1] 参见Kahneman, D., & Tversky, A. (1979). Prospect theory: An analysis of decision under risk. *Econometrica*, 47(2), 263–291.

波士顿矩阵（Boston Consulting Group Matrix，BCGM）[1]和波特五力模型[2][3]。它们试图将外力和一个公司的竞争定位结合起来，不过这是从公司内部视角开始的。然而，与这些工具相反，我们在应用情境时，是从分析外部环境开始的，而不是从组织或其周围的环境开始的。这种方法基于一种由外到内的思维方式——一个重要的情境规划原则。对于我们来说，由外到内是制定战略时最好的视角，因为对于任何战略来说，外部因素的重要性会一直提高。这并不是说内部因素不会被纳入情境规划的开发过程，而是它们不会作为开端。

情境规划另外一条更加核心的原则是拥抱不确定性。与其他战略工具相比，不确定性、波动性和复杂性是情境规划过程中不可分割的一部分。通过聚焦于那些可能非常易变的不确定的事物，情境规划自然带有高度的复杂性，并最终使这种复杂性得到控制。不确定性可以在很多领域以很多方式存在。作为战略咨询师，我们常常运用2×2的矩阵，并由此得到两条共同帮助我们理解一个问题的轴线。就不确定性而言，我们可以看到两个与决策者相关的主要的驱动力。第一，我们是否知道即将发生什么？当不知道的时候，我们就已经与不确定性面对面了。然而，即使在不确定的情况下，我们

---

[1] 波士顿矩阵由美国著名管理学家、波士顿咨询公司创始人布鲁斯·亨德森提出，根据市场增长率、市场份额将市场上的产品划分为四类：明星产品、金牛产品、瘦狗产品、问题产品。——编者注

[2] 波特五力模型是迈克尔·波特于20世纪80年代提出的。他认为行业中存在着决定竞争规模和程序的五种力量，这五种力量综合起来影响着产业的吸引力以及现有企业的竞争战略决策。五种力量分别为同行业内现有竞争者的能力、购买者的议价能力、供应商的议价能力、替代品的替代能力、潜在竞争者进入市场的能力。——编者注

[3] 更多细节请参见Hunger, J.D. & Wheelen, T. L. (2011). Essentials for Strategic Management. New Jersey: Pearson Education, pp. 47ff; pp. 88ff.

依然可以做计划。对于旅客来说，飞机起飞前的安全说明可以作为一个日常生活中的例子。没有人知道会发生什么，但是机舱服务人员提供了在紧急情况下的行动指南。其实，我们常常不知道该做些什么。当我们既不知道未来会发生什么或可能发生什么，也不知道该做些什么的时候，我们就面临着真正的完全不确定性。第二，从经验来说，我们认为情境规划是唯一一种能够真正减轻完全不确定性的工具。不确定性经常会造成一定程度的混沌，这种情况让决策者很难控制，甚至不想去控制它。因此，利用一种结构化的方法，情境规划能够帮助参与者整理他们的认知，并应对不确定性。情境应该被设计为引人入胜并具有煽动性的合理故事，从而能够激励利益相关者对其产生认同并学到东西。情境应该能够挑战我们为未来提出可信假设的能力，同时也强调与战略问题有关的风险和机遇。

　　然而，如果决策者没有参与情境开发的过程，他们可能会因为缺乏开发情境的经验以及对普遍存在的不确定性无法理解，而对情境产生抗拒心理。因此，情境规划应成为组织学习的核心工具。缺少参与性会造成较低的主人翁意识，这可能会使得情境规划和必要的战略结果无法被引入组织。不过，情境是在不断确认和调整中随时间发生变化的。它们不是最终的结果，需要持续监测和调整。因此，情境规划是一种需要亲自实践、由参与者驱动的方法论。

　　情境规划的目标并不是识别和预测未来的确定性，而是强调那些能够使未来朝着多个方向发展的重要影响因素，并由此激发超越当下假设的思考。情境规划的目标是积极而明智地让这些影响力可见和可控。情境规划能够帮助我们识别那些可以改变未来的力量，它们已经出现，并且现在就能帮助我们为未来做出更好的决定。对于那些具有情境思维的组织，它们在应用这种思维的过程中，已经对未来可能发生的事件和可能的环境进行了全面思考，从而可以获得一种优势，但它们并不会为所有可能的事件和结果做规划。因此，情境规划弥合了缺乏规划和过度规划之间的裂隙，前者会导致意外，而后者则会让人们产生惰性。这是一种重要的优势，特别是在混乱的时代，因为组织缩短了反应时间，会在竞争中获得先发优势。因此，情境规划使我们找到了一种绕开复杂性的路径，从而可以更加自信地对影响着我们所有决策的海量潜在因素进行思考，并做出反应。最终，情境规划帮助我们勾勒出众多细节丰富、十分可信的未来图景，并利用它们建立起不会过时的合理战略。

　　情境是假设，而不是预测。在英文中，我们使用情境（scenarios）一词时，采用复数形式而不是单数形式是有特殊意义的，这意味着情境应该提供多种可以想象的前进路径。创造若干彼此不同、差别很大的情境，我们能够找出合理且不会过时的决策和战略。人们对多种情境进行探索，能够强化对意外后果的理解，并将其出现的概率降到最低。规划多种情境，我们可以在演练每一种情境的时候都将它们作为一个独一无二的未来世界。它们能让人们，特别是决策者认清这样一个现实：对于人类来说，这个世界过于复杂和多变，导致未来无法预测。因此，我们与其错误地对未来进行假设，不如在规划多种情境的基础上，弄明白该怎样在高度不确定的情况下做出决策。

　　对未来进行想象是最容易的。文学界和电影界常常沉迷于对未来的狂野幻想中。在这些幻想变成现实之前，客气点的人会将其归类为科幻小说，而不太客气的人，会将其视为不切实际的狂想。

　　例如，法国作家儒勒·凡尔纳（Jules Verne）于1865年发表了小说《从地球到月球》（*From the Earth to the Moon*），书中实际上在很多方面对后来真实的登月过程进行了准确的预测。在这本小说中，是三个人完成了这一壮举，与后来的登月工程一致。他还预测登月工程的成本为550万美元，基本相当于1969年的13亿美元，与登月工程实际所耗费的16亿美元相去并不遥远。其他从科幻变成现实的创意，还有《星际迷航》（*Star Trek*）里的3D打印机和平板电脑，发行于1958年的《少数派报告》（*Minority Report*）中的抬头显示器，已经对现在的凌空触控技术进行了展示。

这些例子揭示了人们对于未来的思考基于两个事物：对于周围世界正在发生事物的充分了解，与纯粹的创造力相结合。然而，让这种想象出来的未来变得可信，并说服利益相关者相信它们并以此为基础采取行动，则更加困难。为了获得一种能够引发行动的可信度，人们需要对当今世界中可能在未来改变世界的颠覆性力量具有深刻的理解。情境规划不是高深的科学知识，不过它需要开放的思维和拥抱不确定性的能力。

情境规划与预测未来有何不同

回顾人类历史，展望未来总会让人激动不已，人类对未来主义的需要，呼应了对预测未来人类命运的强烈渴望。科幻小说作家布鲁斯·斯特林（Bruce Sterling）给未来主义下了一个永不过时的定义：

> 未来主义是一种再认识的艺术。它意味着生活会变化、必会变化、已经变化，它还会告诉我们变化的方式和原因。它告诉我们过去的认识已经过时，而新的认识才是合理的。❶

在人类历史上，未来主义常常与宗教和神学元素联系在一起。关于古代未来主义的一个例子，是位于古希腊皮提亚的德尔斐阿波罗神

❶ 参见Sterling, B. (2002). *Tomorrow now: Envisioning the next fifty years* (p. XII). New York, NY: Random House.

庙中的女祭司，俗称德尔斐神使。她端坐在一张三角桌上，蒸汽从她身下地面的一处裂缝中升腾上来。蒸汽中含有的某种气体，使她陷入迷乱状态，用暧昧不明的语言做出预言。这些预言需要富有经验的祭司进行解读。❶今天，已经很少有人相信神使的预言了；然而，人们仍然需要关于未来的理论和解答。在开发过程中，情境在获取矛盾和悖论方面遵循了黑格尔的假设；在决策分析和预测方法方面遵循了莱布尼兹的理论，致力于寻找唯一的真理和对现实的表达。❷

　　关于情境的定义，除了以上介绍的宽泛概念，还存在着一些不同的想法和概念。因此，我们需要从怎样理解和使用情境的角度来对情境进行描述。我们必须将我们对情境的理解与那些讨论或使用情境一词，但根本没有包含情境的观点区别开来。情境的内涵不仅仅是决策树上不同的路径。我们规划的情境不是只有一个，而是有一组，我们既不打算用它们来准确描述和预测未来，也不打算让它们提供准确的概率分布。不管我们多么想展示未来的样子，我们都没有童话故事里那种可以预测未来的水晶球。如果我们真有一个的话，那我们就去炒股了，而不是做咨询和写书，那可赚钱多了。因此，对于未来，不管我们投入多少精力去思考，我们所能知道的也和其他人差不多。情境确实可以帮助我们更好地理解那些能够影响未来的不确定因素，但这也淡化了概率问题。因此，情境可以通过在限定条件下将互相作用的众多因素集合在一起，讲述大量人力可以掌控的故事，从而将海量数据简单化。过去，规划的未来之所以不那么可信，是因为缺乏技术手段。而借助科技进步，当今情境规划的前沿技术会把概率问题包含在内。这种方法是计算机运算能力

❶ 参见Jones, G. H. (2013). *Pythia. Ancient History Encyclopedia*.

❷ 参见Schoemaker, P. J. (1993). Multiple scenario development: Its conceptual and behavioral foundation. *Strategic management journal*, 14(3), 194.

提升的结果，利用了摩尔定律、人工智能、神经网络和机器学习的功能。[1]这种发展虽然刚刚开始，但每天都在发生着颠覆性的变革。诸如量子计算[2]之类的新发展，已经开始由纯理论变成现实，对概率流的发展是一个很大的促进。

情境规划的一个重要原则，是艺术性超过了科学性。因此，我们这里将使用一个来自艺术界的比喻：情境规划并不是为未来绘制一幅准确的画像，但是，它提供了使用正确的画笔在正确的画布上涂抹正确颜色的方式。望着同一片风景，对着同样的描摹对象，通过同样色素的不同排列，第一个画家会画出一幅凡·高眼里的未来，第二个画家则会画出一幅毕加索的世界，第三个表现的是鲁本斯，第四个表现的则是沃霍尔了。正如不同的观赏者对同一幅作品会有不同的解读一样，情境也可以被赋予不同的解释。然而，与真正的艺术相比，只要你理解了情境规划背后的机制，就不需要绝妙的艺术技巧。但是与艺术一样，你需要了解其基本原则，这正是我们想要通过本书让读者了解的东西。

坦白说，情境并不容易实现，所以我们可以选择自己最青睐的一个情境，并押注其上，希望未来出现的只有它。并且，它的存在并不是为了挑战现有的思维方式和观念。作为一组故事的集合体，情境试图将注意力放在那些具有很大影响力和很高不确定性的方

[1] 摩尔定律（Moore's law）指的是英特尔（Intel）联合创始人戈登·摩尔（Gordon Moore）在1965年做出的预测：计算机微芯片上的晶体管数量将每年翻一番。1975年，摩尔将这一预测调整为每两年翻一番。资料来源：T.西蒙尼特（2016年）《摩尔定律已死，现在怎么办呢?》，《麻省理工科技评论》。

[2] 量子计算机不像传统计算机那样只使用0或1，而是根据测量前物体状态的概率进行计算，这就确保了它们可以存储比传统计算机更多的信息（指数级）。

面。在传统的规划方法中，这背后的风险往往会被忽视。因此，我们需要严格区分四种截然不同的未来：

- 可能的未来——基于知识和对未来的预期，有一定概率会发生的事。
- 合理的未来——基于我们当下的知识可能会发生的事，但是并不一定有很大的可能。
- 可信的未来——根据当下的趋势，以及在不考虑不确定事件的情况下进行外推，有很大可能会发生的事。
- 可期的未来——根据我们的判断，我们希望发生的事，不考虑其合理性或可能性。

　　为了做出稳健的战略规划，很多技术被用于展望未来和做出准确的预测，从而为战略规划提供基础。这些技术中包括外推法、敏感性分析、复杂系统仿真、应急规划，它们都是基于"可信的未来"。但情境规划聚焦的是"合理的未来"。应急规划的关注点，完全集中在有限的几种不确定性上，并在开始时设想所期望的几种不确定性事件没有发生，再寻求答案。与之相反，情境规划包含大量的不确定性及其相互作用。经济预测采用的是一种单轨的方法，以一个最有可能的最终状态的线性投影为基础。在一组设定的敏感性中，大部分指征保持稳定，只有一个或少数几个变量发生变化。虽然这在变化不大的环境中是有意义的，但在一个快速变化的复杂环境中，这种方法就无法对变化做出反应。所以，情境规划在同一时间改变众多变量，并避免使某些东西保持稳态，它的目标是在关键驱动因素发生重大改变的条件下，建立一个"合理的未来"状态。预测者使用复杂的定量模型来预测未来，预测过程中暗含着不确定性。与此相反，情境规划认为不确定性是明确的，并且不确定性本身也一样是不可靠的。情境规划者会创造数个可能的情境，这些情境的发展态势完全不同，但是都有各自的合理之处，并都对现有的假设提出了质疑。预测经常是某个第三方所做的定量的分析和判断，从而取代了独立思考。定量的预测，还会被用作分析人们各种行动的依据。这些所谓的专家判断缺乏对驱动力的理解，盲目接受会让人失去做出最佳决策的能力，正如物理学天才史蒂芬·霍金所说："我留意到即使是那些声称一切都是命中注定、人类什么都改变不了的人，在过马路之前也会左右观察一下。"❶

预言被当成真理是危险的，因为它们是将今天的假设投射到了未来，就仿佛明天的世界不会变化一样。曾担任过壳牌公司董事总经理的安德烈·伯纳德（André Bénard），表达了壳牌公司的想法："经验告诉我们，情境规划技术在促使人们思考未来方面，比我们之前使用的预测技术更具力量。"❷

在整个历史过程中，预言和预测显示出很高的失败率，对利益相关者产生了严重的影响。正如丹麦物理学家、诺贝尔奖获得者尼尔斯·玻尔（Niels Bohr）所说："预测是很难的，特别是预测未来。"❸

---

❶ 参见Reddish, T. (2016). *Science and Christianity: Foundations and frameworks for moving forward in faith* (p. 92). Wipf and Stock Publishers.

❷ 参见Wack, P. (1985b, September–October). Scenarios: Uncharted waters ahead: How Royal Dutch/Shell developed a planning technique that teaches managers to think about an uncertain future. *Harvard Business Review*, 74.

❸ 参见Mencher, A. G. (1971). IV. On the Social Deployment of Science. *Bulletin of the Atomic Scientists*, 27(10), 37.

- 1903年，密歇根州储蓄银行的董事长警告亨利·福特（Henry Ford）的律师贺拉斯·拉克姆（Horace Rackham），反对其对福特汽车公司的投资，他是这样说的："人们会继续骑马，汽车只是新奇的事物，一时流行而已。"

- 1946年，20世纪福克斯公司的董事长达瑞尔·扎努克（Darryl Zanuck），对于来自电视的竞争，表示了他的不屑，他说："电视在任何市场上都坚持不过6个月。人们很快就会对每天晚上盯着一个胶合板盒子感到厌倦。"

- 不仅仅是执行官们会在预测中失败，很厉害的战略咨询公司也同样会失败。在20世纪80年代早期，美国长途电话巨头AT&T聘请战略咨询公司麦肯锡对2000年的移动电话市场做一个预测。麦肯锡公司预测移动电话市场为90万部，这导致AT&T撤出了移动电话市场。但实际上2000年移动电话市场为10.9亿部，当年的这一预测值还不到其1%。认识到移动电话市场的真实发展情况之后，AT&T耗资126亿美元收购了麦考移动电话公司（McCaw Cellular），重回市场。在当年做预测时，移动电话装置的重量、电池支持时间、零散的网络覆盖和高昂的通话费用等发展障碍都被考虑在内。但是在这项预测中，它们都是静态的。情境规划则与之不同，它将这些障碍视作不确定性，将它们考虑在内是为了模拟出多种可能的情况。

还有其他很多案例，比如在20世纪早期的进攻战中人们拒绝使用飞机，比如因为没有想到消费者可能会想购买更小型的汽车，导致美国汽车业的衰败。我们把目光投向任何一个行业或部门，都会发现在某个时间段里，那些无所不在的专家言之凿凿做出的预测，与最终结果完全不同。它们要么远超专家的预测值，要么方向都是相反的。在很多预测失败的同时，同样也有很多预测在很大程度上变成了现实。不过这是因为幸运还是因为技巧高超尚无定论。我们只想引用普林斯顿大学教授伯顿·马尔基尔（Burton Malkiel）的一句话："让一只猴子蒙上眼睛，往报纸的金融版上扔飞镖，这样选出的投资组合，跟专家精挑细选出来的投资组合，没有什么区别。"❶这一说法引发了很多调查研究，《芝加哥时报》（*The Chicago Times*）使用一只名叫亚当的猴子，连续几年从《华尔街日报》（*The Wall Street Journal*）上选取5只股票，结果押中了大部分年头的行情。猴子亚当并不是孤例，2010年，俄罗斯的黑猩猩露莎从30只股票中选出8只（选出代表某只股票的积木），成为排名全国前5%的投资经理。在美国，黑猩猩雷文被要求向一个有着130家互联网公司的名单投箭。它选出的投资组合在第一年增值了79%，第二年增值了213%，这使得雷文在2000年成为美国数百名投资经理中排名第22位的投资经理。然而，并不只有猴子和猩猩是优秀的投资家。在韩国，一只鹦鹉与10名专业股票经纪人，一起参加了一个为期6周的股票市场比赛。鹦鹉用它的鸟喙选出的投资组合，最终表现排名第三。2012年，在这些结果的启发下，怡安翰威特（Aon Hewitt）咨询公司和位于伦敦的卡斯商学院（Cass Business School）用过往实际数据比较了随机的"猴子投资组合"（采用了1968年到2011年每年1000万种投资组合）与13个股票市场指征，惊奇地（也许没有那么吃惊）发现大部分"猴子投资组合"都押中了指数。❷

---

❶ 参见Malkiel, B.G. (2007). *A random walk down Wall Street* (9th ed., p. 24). New York: North & Company.

❷ 参见Clare, A., Motson, N., & Thomas, S. (2013). *An evaluation of alternative equity indices Part 2: Fundamental Weighting Schemes*. Cass Business School.

现在回头来看，这些案例听起来很古老，并且十分难以想象。然而，在这些论断发表的时候，其潜在的假设都相当合理。不过，这些假设由于缺乏"假如思维"而有很大局限性——这正是情境规划思维给战略规划带来的改变。

大部分与情境无关的预测技术，其主要基础是回归分析。我们可以用数个测量值来区分预测、预言和情境（见表2-1）。

表2-1 预测、预言和情境的比较

	预测	预言	情境
未来的类型	可信的未来	对过去的延续，基于一些变量的变化	各种以合理的方式出现的未来
焦点	聚焦于确定性	根据开发者的意图，聚焦于确定性或不确定性	聚焦于不确定性
展示方式	定量	定量并受到压力的影响	定性或定量的
核心优势	长于不确定性低条件下的短期框架	长于强大政治压力下的短期框架	长于高度不确定性条件下的中长期框架

来源：摘自麦茨·林德格伦（Mats Lindgren）和汉斯·班德霍尔德（Hans Bandhold）2003 年的《情境规划：链接战略与未来》（*Scenario planning*：*The Link between Future and Strategy*）

复杂的仿真模型常常包含多种多样由计算机算法得出的可能结果。然而，这些都是完全基于过去发生的事件，在这些模型中很难将新的规则和创新融合进去，而情境通过将客观判断纳入其中，可以做出比这种基于数据的主观分析更好的结果。

人们普遍认为，硬信息（能用准确的硬指标来表示的信息）必须是用表格、图表、图形，或者至少是恰当的学术语言来表达的定量信息。然而，未来的大多数问题太过复杂，很难用学术语言或者定量的假设来表达。对此，苏格拉底已经有过哲学的探讨："好的决策是基于知识，而不是基于数字。"情境规划并不是一种十分正式的方法论，准确地说它们是一种用叙述性语言将思考组织起来的柔和方式，经常是以故事或其他叙事手法来完成。为帮助人们理解，需要对情境规划做出解释，并以此为明智的决策提供必需的知识。下面我们将聚焦怎样规划情境。

情境规划简史

描摹令人向往的未来是人类文化的一部分。因此自古以来，人们一直将情境规划或叙事的手法作为间接地探索未来和未来对社会、组织以及体系的影响的工具。站在当下的发展前沿，我们可以将情境作为一种决策提升工具的发展历程分为五个阶段，其中四个是铺路阶段，而第五个为未来奠定了基础。第一阶段是"古老"的，当时人们尚且没有明确地提出"情境规划"这个概念，只是在回答"假设的问题"。第二阶段是赫尔曼·卡恩和兰德公司用一种原本只在战场上使用的正规方法，开创了现代情境规划。第三阶段是在壳牌公司的支持和创新下，情境规划在商业领域得到发展。第四个阶段是由全球商业网络公司这样的咨询公司发起的对情境规划的世界性大讨论。第五个阶段就是现在，情境规划的程序正在经历重大的数字化转型，情境规划将比之前速度更快、更加可靠，成本也更低（见图2-1）。

在第一阶段，情境被视为未来可能的样子，表现为乌托邦或反乌托邦的形式。例如，柏拉图描述了古代的"理想国"，托马斯·莫尔的"乌托邦"[1]描绘了16世纪的完美社会理想。而另一面，乔治·奥威尔（George Orwell）在他的反乌托邦作品《1984》[2]里，

---

[1]　参见More, T. (2003). Utopia. Translated by Turner, B. 2nd Edition. London: Penguin.

[2]　参见Orwell, G. (1961). 1984. New York: Signet Classics.

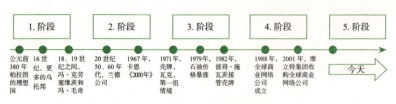

图2-1　情境规划发展时间线

描述了一幅人人处在监视之下的黑暗图景。作为一种战略工具，情境规划在军队中找到了它的根源。军事战略家应用这种方法进行战斗模拟，在采取实际行动之前开展"假设分析"。尽管情境规划在军队中有长期的应用史，它的首次文字记载，一直到18—19世纪才出现在普鲁士将军卡尔·冯·克劳塞维茨[1]和赫尔穆特·卡尔·贝恩哈特·冯·毛奇（Helmuth Moltke）（老毛奇）[2]的作品中。他们也被认为是对战略规划原则进行了明确表达的第一人。[3]

在第二阶段，现代意义上的情境肇始于第二次世界大战之后不久。当时美国空军出于军事目的，使用情境来帮助他们想象敌人的竞争反应。规划这些情境的目的，是让他们能为最好的武器系统投资，为未来做准备。这项任务面临高度的不确定性，特别是因为武器研发程序的周期很长，并且结果高度不确定。直到今天，在已经实现了计算机模拟全面应用的时代，军事项目仍然非常复杂，失败是常有的事，如空客A400M。另外，1947—1991年冷战的开始极大地改变了全球政

[1]　参见von Clausewitz, C. (1989). Translated by Howard, M. & Paret, P. Princeton: Princeton University Press.

[2]　参见Hughes, D. J. (1983). Moltke on the Art of War - selected writings. New York: Random House.

[3]　参见von Reibnitz, U., & Hammond, P. (1988). *Scenario techniques*. McGraw-Hill Hamburg.

治格局，所以第二次世界大战之后，未来的政治环境并不明朗。基本上，武器的有效性高度依赖于武器自身和敌方相应武器的发展情况。因此，美国军方需要一种能够囊括所有不同思想流派的方法，将其结合在一起，帮助他们模拟出下一步将要研发的武器系统及其有效性。

　　正是为了满足这一需求，兰德公司在20世纪50—60年代开发出了德尔菲技术（Delphi technique）。兰德公司是一家由美国空军和道格拉斯航空技术公司创立于1946年的研究机构，创立的目的是研究新型武器技术。通过一种结构化和交互式的交流技术，不同的意见可以被融合在一起。专家们回答一轮又一轮的调查问卷，问卷中的问题是将专家们在上一轮问卷中给出的预测和推理进行综合的结果。结果是匿名的，采用这一过程的目的，是鼓励他们修正自己的回答，并最终汇聚成一个共同的答案。❶在兰德公司的武器研发项目中，有一个参与者叫作赫尔曼·卡恩，当时他在兰德公司担任"国防和战略规划首席专家"。受到德尔菲技术和系统分析法的启发，他发明了一种被他自己称为是"未来—现在"的方法。至此，深度分析和想象力结合起来，创造出传说中由未来人书写的报告。❷

　　通过将事实与逻辑相结合，卡恩表明美国的军事战略更多是基于一厢情愿的想法甚至是白日梦，而不是基于合理的判断和深思熟虑。这为他"思考不可想象之事"的工作奠定了基础——一个关于"由误算引发了核战争"❸的情境。尽管这一方法在20世纪50年代就

❶　参见Rescher, N. (1998). *Predicting the future: An introduction to the theory of forecasting*. SUNY Press.

❷　参见Bradfield, R., Wright, G., Burt, G., Cairns, G., & Van Der Heijden, K. (2005). The origins and evolution of scenario techniques in long range business planning. *Futures, 37*(8), 795–812.

❸　参见Kahn, H. (1961). *On Thermonuclear War* (2nd ed.). Princeton: Princeton University Press.

已经开发出来了，但卡恩并没有因此受到广泛关注，直到20世纪60年代他出版《热核战争》（*Thermonuclear War*）一书后才声名鹊起。在此书中，他想通过提高人们的警觉性来避免核战争。在20世纪50年代，当他开始为防空导弹指挥系统（一种早期大规模预警系统）创立他的思维结构化方法时，"情境"一词已经被好莱坞电影行业弃之不用（被"剧本"一词替代），所以卡恩赋予了它新的含义。从前，"情境"指的是电影或戏剧的脚本。通过使用"情境"一词，卡恩希望展示出"情境"所具有的虚构的特点。

20世纪60年代，卡恩在离开兰德公司后，建立了哈德森研究所。这一机构致力于开发关于未来的故事，帮助客户思考不可想象的事件。在进入民用领域之后，卡恩说服了很多著名公司投入"情境运动"中，如壳牌、康宁、国际商业机器公司（IBM）和通用。1967年，他发表了《2000年》（*The Year 2000*）一书，此书清晰地展示了一个人的思想怎样推动公司战略领域的发展。泰德·纽兰（Ted Newland）认为这本书是他的老板皮埃尔·瓦克开启未来思维的起始点——催生了壳牌公司声名卓著的情境规划。❶

当卡恩离开兰德公司后，他的同事奥拉夫·赫尔默（Olaf Helmer）和西奥多·戈登（Theodore Gordon）也离开了兰德公司，开创了他们自己的研究所——未来研究所。他们与斯坦福研究院（SRI）和加州理工学院的成员一起，开始为客户提供长期战略规划。这些客户发现很多驱动因素，如政治因素、经济因素，作为变化的根源在影响着他们的生意。他们使用情境规划法来为广泛的社会变化做出分析和规划，例如，SRI分析了美国教育界的情况，创

❶ 参见Ringland, G. (1998). *Scenario planning: Managing for the future* (pp. 11–28). Chichester: John Wiley and Sons.

造出2000年时的五种情境，其中包含了多种不同的因素，如人口增长、生态破坏等。之后，一个"正式的"未来被挑选了出来，其他几个就被放弃了。在尼克松任期之初，这个正式的未来被送到了美国教育部。教育部的人认为这样一个未来是不可能到来的，因为它与管理当局的价值观完全不相容。不过，这并未能阻止SRI和前沿的未来主义者们，如威利斯·哈蒙（Willis Harmon）、彼得·施瓦茨、托马斯·曼德尔（Thomas Mandel）和理查德·卡尔森（Richard Carlson），接着去与美国环境保护署（EPA）一起实施情境规划。并非仅有卡恩和SRI在开创情境思维。杰伊·福雷斯特（Jay Forrester），麻省理工学院的一位教授，也运用了一种类似的思维方式去描述供需链条。他使用情境开发了一个模型，能够增进人们对增长性质的理解，同时促进公众思考。

情境规划的第三阶段始于壳牌公司。直到1955年，壳牌的规划过程依然集中在物资调运规划方面。随后10年，壳牌将规划的中心转向了以项目为中心的项目财务考核。1965年，壳牌引入了统一规划机制体系，来为从石油开采、石油运输直到加油站销售石油的行业全产业链提供信息。这一体系包含了全球化的行动和一个为期6年的规划期限。其中第一年的规划十分细致，而后面5年则相对宽泛。石油行业是一个长期性的生意，壳牌认为为期6年的规划框架太短了。因此，在1967年，壳牌开启了一项名为"2000年"的项目，研究到2000年这一年世界会是什么样。这一研究发现，当下石油行业一年年不断增长的趋势不太可能持续到那时候。这一研究还预测油价也不可能持续上涨，起伏不定的中间燃料油竞争将会让石油行业从买方市场转为卖方市场。他们还预期石油行业的参与者们会变成规模庞大、高度涉入、缺乏灵活性的组织，可以被比喻为因不能快速适应环境变化而灭绝的恐龙。根据这一结果，壳牌要求数家国家级的壳牌机构参与到"地平线规划活动"中来，以找到新的规划方式，并以为期15年的时间框架对未来进行预测。

受到赫尔曼·卡恩方法的启发，时任壳牌法国公司首席经济学家的皮埃尔·瓦克开始在法国开发情境。尽管瓦克是一位经济学家，但他并不认为经济学建模是一个高附加值的方法，因为经济学建模是思想的拙劣替代品，并且建模会选择性地运用直觉。对他来说，法国是一个完美的测试场地，因为天然气已经能够开采——尽管尚未开采，并且在国家能源管理体制方面的政治讨论具有很高的不确定性。由于只将已知的不确定性考虑在内，没有给出任何超越当时已知范围的见解，他最初的尝试并不成功。然而这些尝试帮助他和他的团队更好地理解了该如何应用这种新方法，并围绕法国能源市场的不确定性，进行了深入调研。

参与"地平线规划活动"的不同分支机构验证了"2000年项目"的发现后，1971年，壳牌开始试验性地使用情境，来改善公司规划和思考未来发展的方法。不过，公司在第一年十分谨慎，同时运行着当时一直在用的"统一规划机制"。皮埃尔·瓦克和泰德·纽兰，以及被他们称为"团体规划部"中的合作者，开始在特定的要素和事件中，寻找那些对石油价格意义重大、影响深远的驱动力。他们的目的是给壳牌提供足够的"提前时间"，来适应石油行业颠覆性的力量和变化。[1]

第二次世界大战之后，石油价格上涨得很慢。发达经济体高度依赖低油价，因为石油是它们经济的润滑剂。在"团体规划部"诞生时，变革的迹象已经出现了。美国耗尽了他们所知的所有石油储

---

[1] 参见Wack, P. (1985b, September–October). Scenarios: Uncharted waters ahead: How Royal Dutch/Shell developed a planning technique that teaches managers to think about an uncertain future. *Harvard Business Review*, 73–89.

量，与此同时，石油输出国组织（OPEC，欧佩克）开始摩拳擦掌，准备以涨价来威胁石油进口国，从而为阿拉伯世界谋取利益。瓦克和团队认识到情境规划是一个对壳牌管理者思想产生触动，从而激发战略行动的极好方法，因此他们将所有这些因素融入了制定壳牌第一版情境规划的过程。他们调研了2000年之前影响石油价格的可能驱动因素。经过分析，他们发现通过提高发达经济体高度依赖的石油价格，石油出口国可以获得相当大的市场影响力。他们能够看到未来会发生什么，但并没有清晰的指征能说明发生时间。他们知道旧的石油合同将在1975年《德黑兰协定》到期后得到重新协商，还认为石油价格在协商之前将会剧烈上涨，来增加对石油进口国的压力。

依据他们的调查研究，他们开发出了两个情境：第一个描述了一个因为新科技革命和在非欧佩克国家发现了新的石油资源，所以油价保持稳定的世界；而第二个情境与之相反，描述了一个出现了由欧佩克成员国引发的石油价格危机的世界。在将结论呈报给壳牌的决策者时，执行官们仔细听取了情境规划者的讲述，意识到这些发现将对企业产生巨大影响。但他们没有发起任何改变，因为他们虽然了解到强烈的不确定性，却没有任何可以进行决策的基础。因此，皮埃尔·瓦克开始着手改进他们的方法，增强情境规划的故事性，让未来图景更加生动、更加可以想象，这样一来，壳牌的决策者就可以更好地理解这些不确定性的本质。这是一个适时的行动。1973年第四次中东战争爆发，此后石油价格翻了四番，造成了以通货膨胀为开端的一系列连锁反应。这是由于市场上大量参与者反应过度，推高了通货膨胀率。❶

---

❶ 参见Jefferson, M. (2012). Shell scenarios: What really happened in the 1970s and what may be learned for current world prospects. *Technological Forecasting and Social Change, 79*(1), 186–197.

　　到了1974年年中，石油需求量收缩到了产能之下，造成了经济上的多米诺效应，最终导致了通货紧缩。由于进行了提前规划，也由于对情境规划法进行了稳妥地应用，有着充分准备的壳牌对环境变化适应得很快。他们意识到未来会发生经济通胀，只是时间不太确定。当经济增长出现放缓的趋势时，壳牌公司管理层改变了他们的商业计划，能够预见到油价的变化并利用油价冲击带来的机遇，例如1979年油价增长三倍的时机。情境规划法和壳牌管理层的快速反应，帮助壳牌从"石油七姐妹"（世界7家最重要的石油公司的绰号）中较弱的一家公司，跃升为最强的两家之一。另外，来自情境规划的战略优势使壳牌成为当时世界上最赚钱的石油公司。[1]自此，情境规划法被视为壳牌在石油行业保持领先地位的一块基石，也使得壳牌成为商业界情境规划方法的核心用户和持续开发者。石油行业很适合使用情境规划法，因为在这个行业中，几项行动就可以改变整个行业。颠覆性技术会改变过去所知的一切，石油行业就经历过这样的事件，比如水力压裂法在美国引发了一场新的开发热潮。几十年前，谁又能想到美国的石油产量能弥补沙特阿拉伯减产的部分呢？

　　在壳牌开发情境时，通用电气公司（GE）也加入了这一行动，将情境规划应用在描绘全球和美国的政治、经济发展方面。不过在壳牌成为著名的情境规划组织时，通用电气以伊恩·威尔森（Ian Wilson）为核心的团队并未受到公众关注。因此，情境规划所遵循的直觉逻辑方法论常被称为是壳牌方法。壳牌的成功引发大量公司引入长期思维，并采用情境规划的方法，例如在20世纪70年代的石油危机之后，

---

[1] 参见Jefferson, M. (2012). Shell scenarios: What really happened in the 1970s and what may be learned for current world prospects. *Technological Forecasting and Social Change*, 79(1), 186–197; Kahane, A. (2012). *Working Together to Change the Future: Transformative Scenario Planning*. Oakland: Berrett-Koehler.

使用情境的美国公司数量翻了一番。与此同时，有个明显的现象，大量处在资金密集行业且研制周期较长的大型企业采用情境规划，如航空航天业和石油行业的企业。举个例子，空客公司的空客A380[1]早在20世纪80年代就进行了可行性研究。之后，空客公司曾与其最主要的竞争对手波音公司协商，想要共同制造一款巨型喷气式飞机。当这一对话失败之后，空客公司于1995年建立了一个大型飞机部门，开始研发自己的大型客机。此后，直到2005年4月27日，A380才进行了首航，而直到2007年10月，首架A380才交付给新加坡航空公司，并于2007年10月25日以航班号SQ380执行了从新加坡到悉尼的航线。20世纪80年代早期，《财富》（*Fortune*）1000强公司中有半数采用了情境规划。然而这种成功只是暂时的，80年代的经济衰退所导致的裁员和成本压缩减少了情境的应用。虽然有人认为经济衰退并不是唯一原因，不过那些混淆了记叙式情境与定量预测的设计师对情境规划进行了过于简单化的应用，他们同样要负一定的责任。

20世纪80年代中期，情境规划的第四阶段开始了。彼得·施瓦茨从皮埃尔·瓦克手中接过了壳牌情境规划部门（瓦克于1961年到1982年在壳牌工作）。瓦克在壳牌的前10年是在壳牌法国担任首席经济学家，之后他一直在伦敦领导着"团体规划部"开展情境规划工作。[2]施瓦茨于1972年加入了斯坦福研究院。在那里，他的工作内容是关于战略规划和未来主义的课题，并开始接触情境规划，他的最高职务是战略环境中心主任，之后于1982年加入壳牌担任情境

---

[1] 参见Linneman, R. E., & Klein, H. E. (1983). The use of multiple scenarios by US industrial companies: a comparison study, 1977–1981. *Long Range Planning*, 16(6), 94–101.

[2] 参见Chermack, T. J. (2017). *Foundations of scenario planning: The story of Pierre Wack* (pp. 109–129). Taylor & Francis.

规划团队的领导者。在施瓦茨带领下，壳牌延续了情境规划的成功故事。他和团队为壳牌拟定了关于未来的三种可能性，其中一种是油价暴跌到16美元一桶。壳牌的高层管理者很重视这一问题，并在油价下跌时筹集资金投资石油。1980年两伊战争爆发后，当其他的石油公司大规模增加储量时，壳牌在1986年石油价格下降之前，卖掉了自己多余的部分，因为他们已经预见到此次石油价格暴跌。随后他们开启了一项价值35亿美元的投资项目——收购油田。相比于竞争对手，他们通过购买油田获得了长期的成本优势。施瓦茨在壳牌开展情境规划的成功（他还预测到了苏联的解体），使得他能够将长期规划学派的思想传播给更多的组织。1987年，他和4个同事一起建立了咨询公司全球商业网络公司。他们的目的是帮助组织在一个动荡不安的世界中，抓住正在出现的机遇。除了咨询业务，他们还提供培训，并建立了一个由有远见的思想领袖组成的网络。他的4位合伙人分别是：

- 杰伊·奥格威（Jay Ogilvy），耶鲁大学前哲学教授，SRI的价值观和生活方式研究项目负责人。
- 纳皮尔·柯林斯（Napier Collyns），曾在壳牌的规划部门工作了30年，是皮埃尔·瓦克情境规划团队最早的成员之一。
- 斯图尔特·布兰德（Stewart Brand），曾任反主流文化杂志《全球概览》（*Whole Earth Catalog*）的作者和编辑，"Well"网（一个面向智慧和博学的参与者的在线社区）和今日永存基金会（Long Now Foundation）的联合创始人。
- 劳伦斯·威尔金森（Lawrence Wilkinson），克罗索公司（电影、电视和数字娱乐公司）的董事长。

　　因为企业界对他们在壳牌的工作普遍认可，这使得他们的公司从一开始就能得到客户信任。同时，战略专家迈克尔·波特在他极具影响力的著作中建议应该让外部力量成为公司战略规划的基础。这些理论和实践打开了决策者的眼界，使他们超越了纯粹的基于外推法的常规方式，更多地去关注由外而内的思考方式。这导致情境规划生态系统中的咨询公司数量激增和情境规划的复兴。全球商业网络公司将很多具有不同思维方式和背景的人集合在一起，从当下的公共讨论抽离出来进行深入思考。作为一家咨询公司，全球商业网络公司开始了将情境规划过程编纂成册的工作——即使不说古怪，这至少也是一家不拘一格的公司。很多人将彼得·施瓦茨的《前瞻的艺术》(*The Art of the Long View*)[1]一书视作对情境规划的未来具有重大影响力的著作，因为他将情境规划的概念和含义介绍给了全世界的领导者和组织。全球商业网络公司的总部位于加利福尼亚的爱莫利维尔，在海湾大桥附近的一座改建工厂中。该公司有超过100家客户，其中包括像IBM、AT＆T这样的私人企业，也包括像五角大楼、美国中央情报局（CIA）、新加坡政府、国家教育联合会这样的客户，说明他们在公共领域同样站稳了脚跟。[2]2000年，全球商业网络公司被战略咨询公司摩立特集团所收购，之后摩立特集团于2013年被全球化运营的专业服务公司德勤所收购。

　　除咨询业务外，全球商业网络公司还因为在电影业的工作而受到公众广泛关注。他们与梦工厂合作了科幻灾难大片《天地大冲撞》(*Deep Impact*)，内容是当人类知道一颗彗星将会撞击地球时的反应。

---

[1] 参见Schwartz, P. (1996). *The Art of the Long View*. New York: Doubleday.

[2] 参见Crainer, S., & Dearlove, D. (2004). *Business, the universe and everything: Conversations with the World's greatest management thinkers* (pp. 37–42). John Wiley & Sons.

大体上，这部电影展现了构建情境的基本架构，即"假使……会如何"的问题。由于对影片有巨大贡献，彼得·施瓦茨和全球商业网络公司的其他员工被列在了影片的演职人员表中。为了《少数派报告》（*Minority Report*）一片，全球商业网络公司组建了一个包括施瓦茨和20名未来科学家在内的团队，开发了一个表现2058年的世界的情境。按照施瓦茨的构想，这支未来科学家团队构思出了电影中除基本故事情节之外的所有细节。他们还帮助其他一些电影完成了概念设计，比如《通天神偷》（*Sneakers*）和《战争游戏》（*War Games*）。

从历史上看，应用情境规划的主要是大型企业，因为只有他们拥有必需的资源和动机去尝试新的工具。在经过数十年的应用后，情境规划的程度更加精简、信息技术更加先进，如今已经可以轻松地为小型企业使用。不过，这一方法在数字革命之前就已经在小企业中应用了，例如《前瞻的艺术》一书就提到了施瓦茨为史密斯与霍肯公司应用这一技术的过程，只是当时这种情况很少罢了。

在整个历史过程中，情境规划的命运几经起伏。"9·11"恐怖袭击事件，被认为是21世纪最悲惨和最具颠覆性的事件之一，其引发的一系列连锁事件至今余波未定（欧洲难民危机、中东的不稳定局势、极端组织的崛起）。这些事件增多了人类世界的不确定性，使得决策者们认为自己需要一些工具来理解外部动荡的意义。根据贝恩咨询公司（Bain）两年一期的调查《管理工具和趋势》（*Management Tools & Trends*），在接受调查的高管中，使用情境规划的比例增加到了70%，而在1999年这一数字是30%。在2007年全球金融危机刚开始的时候，情境规划的应用还很广泛。这之后，根据贝恩咨询公司的报告，所有管理工具的应用都减少了。按照管理学作家、德勤公司战略专家麦克尔·雷纳（Michael Raynor）所说："这有点像洪水保险的情况。洪水后的第二年，所有人都跑去买洪水保险。"然而，如果你一直在仔细阅读本书，你应该已经注意到，这种行为治标不治本。理想情况下，因为规划者已经考虑到了特定的连锁事件发生链，并且可以直接行动，所以情境规划应该持续深入关注某些特定事件。但是，规划者常常只是追随着不确定性，把情境规划作为穿越不确定性的一种解决方法。

图2-2是作者根据贝恩咨询公司的调查《管理工具与趋势》（*Tools and Trends Surveys*）所做的图解。

2008年，麦肯锡咨询公司出版了《企业怎样应对全球化趋势》（*Global Forces*）一书，展示了在这样一个充满了来源庞杂的信息和随时会发生导致悲剧的突发事件的世界上，企业界的高管们为了获得成功，把情境当作必需的工具。在参加调查的企业高管中，有将近70%的人都认为，全球化趋势在过去5年中对于公司战略来说越来越关键。不过，这一调查同样显示，在识别破坏性和采取行动之间存在巨大的鸿沟。大约75%的企业高管声称，技术革新加速和信息爆炸将会影响公司的盈利，但其中只有50%的人针对这两个趋势采取了行动。

图 2-2 管理工具的使用

来源：对贝恩管理工具和趋势调查的特别说明

2010年，《麦肯锡全球调查：重塑全球经济的五大力量》(*The fifth wave of scenario planning*)显示，企业高管对重要的全球力量采取了越来越多的行动。大约75%的调查对象称他们采取了行动，从成熟市场转向了新兴市场。将近66%的受访者表示，他们已经将全球经济的连通程度纳入考量。大约50%的受访者说，他们已经解决了不断增长的资源需求和供应紧缩之间的矛盾。

情境规划第五个阶段刚刚开始，它将极大地改变我们做决策的方式。人工智能和新数字科技的出现，不仅改变了情境规划的方式，同样改变了感知情境的方式。在本书下面的章节中，我们将向您展示情境规划的第五个阶段是怎样出现的，以及这一阶段将如何改变战略制定的方式。

情境规划应用程序

情境规划的最终目标，并不是讲述关于未来的科幻故事，而是为我们提供对世界和周遭环境的更加深刻的理解。情境规划作为一种切实有效的工具，已经被广泛应用于存在不确定性和混乱性的多种情况下。它能够为战略提供信息，助力更好地进行决策，并对即时决策和未来决策同样有效。情境规划之所以能够做到这一点，是因为它能帮助我们朝着长期发展的方向前进，将世界的复杂性条理化和结构化，从而为采取行动提供一个可信平台。因此，情境规划对于有关"引信长、爆炸力强"的战略问题特别有用，如市场进入、投资组合调整和大规模投资等。这一类的决策可能会影响一个组织的生死存亡，所以能够引发"大爆炸"。另外，正如之前讨论过的，情境规划不仅是一个公司的战略工具，同样也能为个人的重大决策提供帮助。在商业领域和个人领域，很多答案都需要一些时间才能呈现出来。在战略和战略问题的发展过程中，情境规划有很多适用领域。情境规划可以在某个具体问题上给我们启发，而后帮助我们开展决策，并开发出一个战略日程。情境不仅能支持单一决策，还可以为超越情境规划的战略对话提供平台，决策者可以利用这一平台，交流他们的假想，融汇不同的观点。基于"假使……会如何"的原则，情境规划可被用作风险管理工具，因为情境规划可以通过调查不同的因素组合如何发挥作用和塑造世界，帮助评估风险和机遇。如此一来，情境规划就能够帮助我们模拟未来发展的可能结果，以及最初的创意需要怎样调整才能最终带来成功。情境规划结合了对世界的认知和减少风险的方法，可以被用于验证现有的战略以及分析它们的鲁棒性（robustness）。鲁棒性是对于特定发展情况的敏感性。通过将一个战略或战略概念放在每个情境中去进行压力测试，我们可以看到其薄弱环节，并尝试进行弥补，以保证这一战略在未来具备有效性。

　　根据情境应用的不同角度，情境研究已经确认了情境可以胜任的多种角色。科技预言家和未来主义者史蒂芬·M.米利特（Stephen M. Millett）说，通过描绘未来的商业环境和由此产生的对战略选择的评估，情境能够帮助人们进行战略思考。[1]情境规划从业者吉尔·林兰（Gill Ringland）认为，情境需要被整合进一个组织的关注点中去，才能成为一种在讨论未来时能够发挥作用的工具。对于咨询顾问麦茨·林德格伦和汉斯·班得霍尔德来说，情境能够强化战略的鲁棒性和响应能力。[2]专业学者托马斯·J.泽马克（Thomas J. Chermack）

---

[1] 参见Millett, S. M. (1988). How scenarios trigger strategic thinking. *Long Range Planning*, 21(5), 61–68.

[2] 参见Lindgren, M., & Bandfold, H. (2003). *Scenario planning: The Link between future and industry*. London: Palgrave Macmillan.

和路易斯·冯·德尔·莫维（Louis van der Merwe）将情境视为"一种通过改变决策者头脑中现有的假设，让组织得以从中学习的战略对话"。[1]我们可以得出结论，情境的角色是双重的，它们提供了一种重要的最终产品，不过获得情境的过程同样十分重要。

"引信长、爆炸力强"的问题，需要深入理解环境和不同因素的作用机理，企业并购中常有这样的例子。有大量具有积极结果的案例，例如1907年壳牌运输和贸易有限公司（英国）与皇家荷兰石油公司的合并。一项统计学分析发现，在1990年到1999年59个行业中的1305项并购交易行动为并购后的股东们创造了财富，平均回报率为3.5%。[2]另外，也有负面案例，如完全可以被视为惨败和昂贵灾难的戴姆勒–奔驰与克莱斯勒并购案（Daimler-Chrysler merger），合并后的公司从未被整合成一个统一的整体。因此，交易之初设想的潜在协同效应并没能实现。另一项研究显示，并购给股东们带来的相关损失一直在增加。按照并购声明，从1998年到2001年，开展收购活动的公司的股东花在并购上的每1美元平均损失了12美分，总损失达到2400亿美元。在20世纪80年代，他们损失了70亿美元，相当于每1美元损失1.6美分。[3]基于这些正面和负面的案例，企业是应该进行并购交易，还是尽量避免呢？因为并购交易是投资组合战略的结果，决策者需要问的问题是：应该怎样构建自己公司的投资组合。关于组

---

[1] 参见Chermack, T. J., & van der Merwe, L. (2003). The role of constructivist learning in scenario planning. *Futures*, 35(5), 445–460.

[2] 参见Mulherin, J. H., & Boone, A. L. (2000). Comparing acquisitions and divestitures. *Journal of Corporate Finance*, 6(2), 117–139.

[3] 参见Moeller, S. B., Schlingemann, F. P., & Stulz, R. M. (2005). Wealth destruction on a massive scale? A study of acquiring-firm returns in the recent merger wave. *The Journal of Finance*, 60(2), 757–782.

织的另外一个关键领域——资源获得程序，他们需要在自产和采购之间做出决定。只采用传统的分析方法，这一问题常常很难回答，原因是在类似的并购问题中，决策属于"引信长、爆炸力强"的决策，而通过纯粹的传统分析方法，不可能理清所有对其成功有影响作用的不确定性。[1]不仅仅是在公司层面，在私人领域也有很多案例，如到哪儿上学和学什么专业，以及结婚、生子、换工作等——但通过情境规划，每件事都可以变得更加易于理解。

　　情境的开发过程包含很多活动。在活动中，团队成员需要将他们的创造力集合起来，共同对组织当下面对的或将来会面对的不确定性进行调查。尽管情境是作为决策工具开发出来的，但我们可以将它的应用方式分为两类：更偏重探索性和更以决策为导向的。

　　偏重探索性的应用降低了一个现存系统的复杂性，这样一来，才可能做出决策。利益相关者可以利用情境，以系统化的方式清晰地表达他们头脑中关于未来的模型，并通过思考从未考虑过的未来可能性而减少盲目自信。一种更进一步的探索性应用是组织学习——壳牌公司战略部门的前主管阿里·德·戈伊斯（Arie De Geus）将其定义为"管理团队改变他们关于公司、市场和竞争对手的共同思维模型的过程"。[2]一个恰当的组织学习程序应该包含三个阶段：第一，绘制思维模型；第二，对现有的思维模型发起挑战；第三，改进现有的思维模型。情境规划贯穿全部三个阶段，并同时用作调查、反思和建立思维模型的结构工具。[3]

---

[1] 参见Schühly, A., Vieten, N., Weiß, J., & Niggeloh, S. (2019). *Braving the wind of change - resilient portfolio strategy*. Munich: Monitor Deloitte.

[2] 参见de Geus, A. P. (1988). Planning as learning. *Harvard Business Review*, 66 (2).

[3] 参见Chermack, T. J. (2003). *A theory of scenario planning* (p. 27). University of Minnesota.

　　然而，与建立情境本身相比，改变管理者的心理是一个更加费力的过程。因此，让决策者和领导者参与到情境开发过程中，并克服"可得性偏差"十分关键。"可得性偏差"认为人们会低估那些他们很难想象或回忆起来的事物的价值。将重要的管理者纳入情境开发过程，能够改进他们的学习体验，给他们一种对于情境的拥有感，从而帮助他们克服"可得性偏差"。让管理层参与开发情境的过程是必要的，否则他们可能会不认同开发出的情境，导致情境开发活动的失败。情境规划专家彼得·施瓦茨将情境定义为规划战略对话的基本要素，每个情境都会激励组织去学习关键问题。此时，管理者理解和预测变化的能力正在形成。❶

　　当情境规划之旅上的参与者们集合在一起，将关于一个主题的信息转化为一种新的认知时，他们的战略思维超越当下思考，经历了一个"启示时刻"，从而从根本上改变了他们看待未来的立足点。对于一位情境规划引导师来说，实现这一点是最大的挑战之一。当管理者能够为不确定性提供一个稳定的结构时，情境就成功了。如果事实证据不能正确或充分地对管理者形成支持，则这一成功要依赖于他们对当下发展情况的合理分析和改变对世界的假设的能力。而因为对坚定信念有所帮助，情境也能够强化他们对世界的假设。

　　从情境规划的过程中获得新方法、新创意和新的解决方案，都是在对情境规划方法进行探索性应用。对能够互相替代且都具有合理性的未来进行观察，能够帮助人们确认威胁和机会，并从中发现有希望成功的创新所必需的机会。与此紧密相关的是风险意识，一种预测外部风险并将它与企业风险联系起来的能力。另一种探索性

---

❶ 参见Schwartz, P. (1991). *The art of the long view: Planning for the future in an uncertain world*. New York, NY: Doubleday.

应用是基于情境的创新，以产生能在未来世界获得成果的新创意。因此，参与者想象自己处在给定的情境中，并确认在这样的环境中取得成功需要什么条件。一种以决策为导向的应用，是为了让利益相关者接受一种新的共同愿景的过程。这类开发过程会提供一个对极端想法进行思考和交换各自观点的安全环境。因为一旦超出正常的规划范围，这些观点在其他正常的战略讨论中一般会被认为是没有意义的。情境对共同形成对一个问题的理解很有帮助。将现有的观点和新视角、新见解相结合，可以产生之前没有人想到过的协作解决方案。另外，基于情境的规划过程为开发稳健而灵活的战略提供了条件，使得人们在不确定的条件下也能做出决策。情境有助于识别未来的增长机遇和潜在陷阱。想要在一个不确定的环境中获得发展，组织会面临很多生死攸关的决策问题：公司会不会被交易，数字化是否会让企业陷入混乱，是否会有新的竞争者出现？所以，情境规划还是一种能让新的管理团队达成共识的工具。新任CEO可以借此对管理团队进行测试，看他们对未来的看法是否和自己一致，也可以对原有战略进行测试，看是否应该对原管理团队的战略进行调整。

也许，在协调不同观点和异见者这方面，最好的例子是芒特·弗勒情境（Mount Fleur scenarios）。1991年，一个多样化的团队开发出了这些情境。团队由22位杰出的南非领导者组成，他们来自社会的不同阶层，包括社区和工会活动分子、政界和商业界领袖、学术界人士等，有着不同的意识形态和思维方式。此时，纳尔逊·曼德拉（Nelson Mandela）已经从监狱中释放，南非非洲人国民大会等政治党派和政治组织也已经得到了合法化，第一次各种族均可参加的全民选举正在计划之中，整个国家都在讨论种族隔离制度将去向何处。这一团队得出了4个情境。

- **鸵鸟型**：在南非，对于危机并没有形成任何经过协商的解决方案，不具代表性的政府仍然掌权的情境。
- **跛足鸭型**：一种经协商达成了解决方案，但是向新的政治权利分配格局、新的财富分配格局的转变仍然不明确的情境。
- **伊卡洛斯[1]型**：一种快速转变的情境，南非追求一种不可持续的、民粹主义的经济战略。
- **火烈鸟飞行型**：在这种情境下，在综合发展路径和民主政治路径方面，可持续发展的政府战略得以实现。

之后，为建立一种共同的话语和理念，促进关于南非未来的公共讨论，芒特·弗勒情境在南非被广为印发和宣传。这一情境规划过程极为成功，为南非最终成为民主的彩虹之国铺平了道路。[2]

工业界的行业联合会或公司是频繁使用情境的专业用户（从资产规模数十亿美元的跨国公司到中小企业）。然而，情境不只是工业界的工具，同样被用在很多其他的环境中，例如一国政府、政府机构和非政府组织（NGO）。由于在建立共识的过程中会涉及很多组织，所以它们不必聚焦于某一个实体。情境甚至可以被用在个人决策过程中，例如家庭和职业规划。因此，情境开发过程的参与者与最终产品的受众是不一样的，有时情境面向的是特定领域的专家，有时面向的是大众。

---

[1] 伊卡洛斯，希腊神话中人物代达罗斯的儿子，使用蜡和羽毛造的翼，在逃离克里特岛时，他因飞得太高双翼上的蜡遭太阳融化跌落水中丧生。——编者注

[2] 参见Kahane, A. (2012). *Working Together to Change the Future: Transformative Scenario Planning*. Oakland: Berrett-Koehle；Global Business Network. (2003). The Mont Fleur scenarios: What will South Africa be like in the year 2002? *Deeper News*, 7 (1).

下面的清单能帮助我们弄清某种情况是否适合使用情境。在下列情况下，不应该使用情境规划：

- 当一个问题并非组织的核心问题，也不是组织战略的核心问题，且其解决方案清晰简单时；
- 当一个战略问题的结果已经完全被外在和内在的驱动力所决定时；
- 当决策者想要保持原样，且并不想启动变化时；
- 当规划过程十分紧急，不允许参与者退一步对可能的发展情况进行深思时；
- 当期望的结果与能够获得的资源不匹配时。

尽管情境可被应用于任何决策过程，我们还是要强调一下，通常适于使用情境的情况具有如下关键特性：

- 某个问题是一个战略问题，且解决方案并不明确；
- 环境具有高度不稳定性和不确定性，或者面临着剧烈的变化；
- 决策者支持情境规划过程；
- 组织对于变化和讨论的态度是开放的；
- 具备成功实施新方案所必需的资源；
- 没有足够的合理选项；
- 没有形成共同的理解、共同的愿景，或共同的观点。

情境很有意义，但是只有在它们能够帮助人们改变思想（至少能够引起对现有观点或思维方式的挑战）时，或帮助人们坚持现有的观点时才有用处，并且还需要对它们进行有理有据的分析，才能对行动产生影响，从而产生更加积极的结果。

情境规划的 7 个原则

按照皮埃尔·瓦克的说法，情境规划这一方法能够启迪富有灵感和激情的思想，激励人们在多变、复杂和不确定的环境中开展行动。[1]我们认为，这一目标可以通过以下7个原则来实现：

- 具有长远眼光；
- 由外到内的思考；
- 合理性；
- 具有整体观；
- 拥抱不确定性；
- 变焦观察法（远观，近察）；
- 机器客观性与人类直觉的结合。

对情境开发数量的思考和拥有一支开放的、富有创新性的多样化团队也是必需的。

具有长远眼光

在很多组织中，日常工作的驱动力常常是短期行动和紧急需要。受制于在短期内产生可测量结果的期待，例如企业对于股市表现的期待、政府对投票人的期待等，规划周期常常是目光短浅的，

---

[1] 参见Wack, P. (1985a). Scenarios: Shooting the rapids. *Harvard Business Review*, 63(6), 139–150.

并且战略也限制在短期计划的范围内。与之相反，情境规划需要我们超越这些短期需求，以足够长远的眼光展望未来，观察新的选择和机会，提出"假使……会如何"的问题。参与者因此需要拓展思路，超越当下的环境，避免只关注某一个有限的选择，或者正如迈克·泰森（Mike Tyson）所说的，"在一拳打在脸上之前，每个人都有计划"。[1]相对于紧急的事务，长远眼光显得不那么重要，但把目光放长远一些对于保持市场地位或推进重要改革十分重要，因为它可以在以下几个方面给组织赋能：

- 以更积极主动的方式解决根深蒂固的问题；
- 在挑战或机遇到来时，看得更加清楚；
- 思考组织采取其他行动的长期结果和可能的意外结果。

这些因素成为越来越多中小企业应用情境规划的理由，这些企业已经具有了完美的思维方式，因为它们思考的是几代人的事儿，而不是几个月或几周之后的事儿。这些企业的所有者经常是公司的大股东，他们同样承担着巨大的风险，情境规划法是一个能够支撑他们进行决策的完美工具（第3章，我们会从时间方面详细描述这一点）。

由外到内的思考

个人和组织往往会将大部分时间投入到思考在自身领域或组织中能意识和了解的事务上，所以意外事件经常会让他们感到很惊讶。在做决策时，他们会从思考内部因素开始，这是他们能够控制的部分。然后，他们才会去思考他们将要改造的更广阔的外部世

---

[1] 参见Berandino, M. (2012). *Mike Tyson explains one of his most famous quotes*. Deerfield Beach, FL: Sun Sentinel.

界。有些组织陷入了在需求出现时才做出反应的恶性循环，由于能够控制的领域和向外的视线范围都十分狭窄，它们非常容易遭受意外打击。与之相反，以评估外部因素开始从外到内地思考，随着时间发展可能会对组织带来重大影响，如一项表面上看起来无关紧要但可以提高服务质量的技术创新，或是一次可能引发不可预见的社会需求的地缘政治变化等。由外而内的思考可以帮助人们预见类似的"意外事件"，并为之做好准备。由外而内的思考方法，可以用我们的"环境洋葱图架构"来表示，见图2-3。

图 2-3　环境洋葱图架构

- 位于核心位置的是组织属性或处在紧要关头的特定问题。
- 中间层是存在变化力量的即时"工作环境"，这些力量中包括合作伙伴、客户或顾客，竞争对手和其他利益相关者也能产生部分影响。
- 外圈是"周围环境"，包括重要的驱动力，比如价值观、全球和地区政治局势发展或可持续性。社会、科技、经济、环境和政治等不能直接掌控的力量共同构成了情境规划的关注焦点。

外部的两层可以迅速地融合。不过，将它们区分开来更有效，因为它们不仅能刺激我们思考直接的外部效应，还让我们去思考在长期规划中常常被忽略的周围环境的变化。在更加广阔的全球化环境和工作环境中的外部变化，可以用情境思维来进行调查。而核心的"组织内部"，只有在情境被开发出来之后，才会对其产生影响。大多数规划程序是从组织内部的关注点开始的，然后才推向外部环境。因此，由外而内的方式初看会感觉有些奇怪。不过一旦理解了这一概念后，在由外而内的思考方式激发下，就能够对于很多若非如此就不会发现的未来变化和战略，产生具有创造性且易于理解的观点。一般来说，传统的规划方式不会把所有的维度都包含在内，只是聚焦于一个维度，比如公司本身、工作环境或者是周边环境。

合理性

将关注点从可能性转向合理性的好处是我们可以大范围识别分布在长尾部分的风险和机遇，而不是只关注概率置信区间。合理性可以进一步理解为：这些故事是以一个特别的逻辑流程开发出来的，被赋予了确实可能发生的真实性。因此，情境中各种驱动力的相互影响以及共同作用需要符合逻辑和常识。情境讲述了从过去到未来的故事，这一过程反应的是当下的智慧。因此，合理性是一种重要的测量值，比在特定预测中给出的确定的可能性更好。情境规划的目标是强调一些机会可能会对组织产生重大影响。在探索和理解未来时，情境规划的每个故事都得到了仔细地研究、被赋予了丰富的细节，变得生动形象。我们今天所做的决策可以放在这些世界中进行测试，看一看它们会如何发展。不过，真正的良方是将可能性与合理性结合起来，在人工智能的帮助下，观察可能性（概率）

随时间的变化，以便做出更加合理的决策。我们将在第3章中对此进行详细介绍。

具有整体观

引入各种各样的观点，由不同的声音给战略问题和挑战提供新的灵感，能够帮助我们更好地理解自己和他人对于未来的信念。很多公司非常擅长管理有限数量的利益相关者，但这与听取别人的声音很不一样。如果你被狂热想法环绕，很容易忽略不同的声音。将这些声音刻意呈现出来，能够让决策者接触到新鲜的概念，而这些概念能够引导他们的视线，帮助他们看到更加广阔的图景。

情境规划提供了一个令人信服的平台，将不同的（常常是有分歧的）视角统一起来。这能够扩展一个组织的对外视野，揭露本来可能会被忽视的新威胁和新机会。运用整体思考，在情境规划中就能够克服"确认偏误"（人们寻找或解释事物时，倾向于选择能够支持自己的证据）。

拥抱不确定性

不确定性令很多人感到恐惧。未知代表了一种灾难，甚至是对未来的完全失控。不确定性带来了风险，这是企业利润的重要来源。但天下没有免费的午餐，面对风险管理者做决策时需要富有企业家精神。没有风险的回报需要特别小心。一些行业，例如初创科技公司或制药公司，会通过设计能够应对不同情况的不同选项，来应对不确定性。然而，决策者典型的应对方式，要么是拒绝变化和不确定性，要么是因为过于重视，而为每一种可能性都制订一个计划。情境规划在拥抱不确定性的同时，会克服复杂性，使规划工作变得更易操作。拥抱不确定性时，一个人首先需要承认自己真正知道的并不多，或者用古希腊哲学家苏格拉底的话来说："真正的智慧，就是知道自己一无所知。"[1]通过拥抱不确定性和预测变化，决策者可以对不同的选项进行估量，并据此制定战略决策。当未来以已经预测过的方式展开，他们可以选择用哪一个选项或是弃用哪些选项。

变焦观察法

为了提供有意义且可执行的结果，情境规划遵循了"变焦观察"的方法，从而丰富了情境叙事的形式。这种方法先拉远镜头，提供战略视角，使得决策者可以走出他们的舒适区；然后将镜头拉近，来引发行动。在使用长焦镜头时，常常使用10年到20年的时间框架；而在使用微距镜头时，则会用6个月到12个月的时间框架。情境规划的开始，是远观当下的情况，预测今天的世界会发生哪些剧烈变化。这一步骤提供的是警觉和远见。在远观时，人们会认识到一个颠覆性的情境并不是一个准确的预测，因为本就不可能存在准确的预测。在观察剧烈变化时，最好是采用较长的观察周期，然后将情境推向极致，来探索想象力和可能性的边界。当走完了通往长焦焦点的路径，供短期执行的战略方案会在使用微距镜头进行观察的过程中制订出来，此时的关注点是行动和进步。使用"变焦观察法"的目的，是对以3年到5年为周期的传统规划程序发起挑战，因为这种规划方式会给人传递错误的信心。硅谷的公司已经开始使用"变焦观察法"。由于可以让企业摒弃被动反应的递增式战略，从而避开风险，"变焦观察法"已经成为情境规划方法论的一部分。[2]

---

[1]　参见Plato (n.d.). Apology. Translated by Jowett, B.

[2]　参见Hagel, J. (2017). Crafting corporate narratives: Zoom out, zoom in.

机器客观性与人类直觉的结合

情境规划需要专业的技术和知识。但是，人类的专业知识常常是有限的，而机器和算法可以将多种资源、观点集合在一起，并加以客观分析。不过，在过去由于算法太过于复杂以及机器的方法没有什么价值，并且应用起来过于困难，情境规划主要是一个由人力开展的过程。自从人工智能引发新科技革命后，机器客观性开始可以辅助人类决策。虽然人类发明人工智能的最初想法是代替人类进行决策，但是，情境规划作为认知和事实的结合体，在做出最终判断时永远需要将人类的直觉包含在内。我们将在后面的章节展开讨论科技革命的问题。

使用情境的数量

到底应该使用多少个情境？大量研究都曾讨论过这一问题。需要为一个问题或焦点问题开发多少个情境，不同的研究者和从业者都提出过自己的答案。皮埃尔·瓦克建议不要超过4个（否则对于大多数决策者来说，超过了处理能力），他认为超过3个情境叙述是没有用的，原话是这样的：

第一个情境是显示问题症结的观点，第二个和第三个情境是聚焦于关键不确定性的两个不同的未来世界或看待世界的不同方式。❶

---

❶ 参见Wack, P. (1985a). Scenarios: Shooting the rapids. *Harvard Business Review*, 63(6), 146.

凯斯·万·德·黑伊登（Kees Van der Heijden），原壳牌公司情境规划师，也是全球商业网络公司的创建人之一。他认为2~5个情境最能发挥作用，这一数量能够反映出未来的不确定性，促进人们借助多种学科对概念进行开发和讨论，在一个具体的现实世界框架中展示当下的结果，让推理模型更符合直觉。[1]

彼得·施瓦茨的建议是使用4个情境。开发太多的情境将会混淆它们之间的差别，以至于变得既没有意义，也没有用处。根据彼得·施瓦茨的经验，当情境的数量超过4个时，团队很难记住，这与记忆能力领域的研究结果相一致。[2]例如，研究显示，年轻人只能回忆起3条或4条较长的口语语块，比如习惯用语或短句。[3]

当开发出"大、中、小"3个版本的情境时，可能会引起"中间陷阱"现象。即情境规划工作坊的参与者会倾向于使用"中间"的情境作为最有可能的结果。这样的情境无法对决策者形成强烈的挑战，并且也不需要大量的战略选择。它们常常被认作是预测，这样一来其他的情境就被忽视了，使得整个情境开发活动基本就没有用处。4个情境可以被放进常用的经典情境矩阵中，所以我们有能力去应对它们。因此，我们强烈支持开发4个情境。为开发情境，参与者在这个过程中需要投入一些创造力，以实现这种"向着未来有想象力的跳跃"——这是壳牌的情境规划先驱和全球商业网络公

---

[1] 参见Chermack, T. J., Lynham, S. A., & Ruona, W. E. (2001). A review of scenario planning literature. *Futures Research Quarterly*, 17(2), 24.

[2] 参见Schwartz, P. (1991). *The art of the long view: Planning for the future in an uncertain world*. New York, NY: Doubleday.

[3] 参见Gilchrist, A. L., Cowan, N., & Naveh-Benjamin, M. (2008). Working memory capacity for spoken sentences decreases with adult ageing: Recall of fewer but not smaller chunks in older adults. *Memory*, 16(7), 773–787.

司的联合创始人纳皮尔·科林斯的对情境的形容。[1]

　　我们认为，情境应该以一种有轴线的系统化方法为基础。其中的轴线与4个情境一起组成了一种框架。一个情境并不是一个选择，而只是一个信念，两个情境代表了非黑即白的思维，而3个情境常常只能通往唯一的进化路径。因此，我们使用4个情境，因为4个情境能够让我们以两种关键的不确定性为基础，获得发散的情境。使用3种关键不确定性将会引出8种情境，而这些情境将很难应对，因此这是一个"少即是多"的典型案例。

情境规划团队

　　情境规划需要多样性的观点。情境开发是团队工作，所以成员来源广泛、充斥着不同声音的团队对于成功是至关重要的，因为这样才能获得应对战略挑战的新灵感。有远见的思想家能够帮助团队克服狂热信念，不会让人轻易对相反意见视而不见，情境开发工作因此将受益无穷。情境开发团队的参与者应该来源于多个利益团体，同时具备多样性和整体性。其中应该包括来自组织行业之外、处于发展前沿的参与者。在情境开发过程中参与者需要采用一种高声演讲的方式，并且要愿意去表达他们的意见和想法。参与者可能是外部的专家、顾客、合作伙伴，甚至是竞争对手。除了来自不同背景外，参与者还应该广泛涉及公司内部职能，比如市场、研发、财务、运营、人力资源等。由于不同的决策者都会思考未来的发展道路，并将自己的见解带入情境开发的过程，团队合作这种方式还

[1] Schwartz, P. (1991). *The art of the long view: Planning for the future in an uncertain world* (p. XIII). New York, NY: Doubleday.

可以提供规模效益。将参与者集合在一起，能够对预测某个选定行业的发展提供帮助，并进一步增加情境信息来源的可信度。引入很多极少与组织打交道的外部参与者的优点是他们能够为情境开发过程贡献超越传统的新颖观点。

如果将有能力挑战传统智慧的非传统思考者隔离在外，情境开发可能会失败。因为改变游戏规则的创意被忽略了。通过引入思想激进的行业领袖，决策者可以走出舒适区，获得更好更稳健的情境。这样，情境开发过程建立了一个将大量不同声音集合在一起的理想平台。这一平台可以帮助组织扩展外围视野，从而发现正在浮现的挑战或有利的情况。

参与者的典型角色包括：

- 在智慧上超越大多数人；
- 是各自领域的大师；
- 富有激情和无穷的好奇心；
- 创意产生者；
- 平易近人，思想开放；
- 机敏而富有洞察力；
- 能贡献独一无二的见解；
- 拓宽边界；
- 思维超前。

如果你或你的组织不想在情境实际开发过程中引入外部参与者，就应该通过类似访谈或小组讨论的方式，在启动阶段将他们引入进来。这将有助于避免组织中出现群体思维风险，同时引入有争议的新观点。

有些人追求用数学方法获得正确的答案，而且认为任何问题都需要经过计算，所以没有能力去进行情境规划。因此，一个好的引导者要强调情境没有对错、好坏之分，只是一组可能会发生的清晰合理的未来。一个好的情境规划引导师，与组织的领导层以及整个工作过程中的基层团队都会很亲近。他需要推动参与者走出当下的短期思维，朝着极致但合理的方向努力。另外，他必须支持对于盲点的识别，并引入外界挑战以改变视角。他应该参与整个过程，确认焦点问题，满足过程中出现的具体要求，促进持续的战略对话。我们的经验显示，两个引导师共同工作是最佳方案。主持工作的引导师应该是一位经验丰富的情境规划从业者，由他掌控整个过程，另有一位资深的行业专家来辅助他的工作。尽管情境规划专家的工作是主持这一过程，但他同样可以带来特别的，甚至是在这一行业不被接受的观点，因此他不必有广博的行业背景知识。然而，需要强调的是，他的角色是方法论方面的专家。他的副手引入的行业知识，也可能会超越组织的思维，但他的存在让导师团队能与参与者站在同一个层面上。

一旦情境被开发出来，开发团队需要缩小规模和改变工作内容，目的是对它们的应用提出战略响应。只有具有决策权和决策责任的高层管理人员需要留在团队中，因为制定战略和面对结果的工作必须由他们来做。

在成功开发情境的诸多因素中，参与者的文化和行业背景的重要度最高。因此，引导方式可能要根据这些因素进行调整。至此，我们提供了我们对于情境开发的视角，并指出了一些在日常实践中遇到的文化问题。

 传统的情境规划
程序

在第1章和第2章中，我们对比了情境和预测，探讨了什么是情境的问题，而在本章中，我们将集中探讨情境开发的过程，及这一过程中使用的工具和方法。目前，已经开发出的情境规划方式太多了，造成了方法论上的混乱。对现有的情境规划方法进行了概览之后，我们选择全球商业网络公司的方法来进行深入研究。这一方法是由壳牌公司使用的方法发展进化而来，被称为"企业情境开发的黄金标准"。❶情境思维得到应用的几十年来，大量的方式和方法被开发出来了。然而，这些可观的工作成果导致了方法论上的混乱。因此，我们需要知道，除了本书所展示的内容，还存在很多的方法和衍生方法。其中有很多只是学术概念，并没有在实践中广泛运用过，也不适合时间和资源都很有限的日常经营活动。与此不同，全球商业网络公司的方法几十年来在很多环境中得到过应用，经过了众多从业者的测试，被证明具有良好的效果。

当然还有很多其他的方法。其中一种叫作概率修正趋势情境，例如，由未来集团（Future Group）在20世纪70年代开发出来的趋势影响分析法。另一种方法是交叉影响分析法，是赫尔曼·卡恩在兰德公司的前同事西奥多·戈登和奥拉夫·赫尔默于1966年开发出来的。此外，还有法国的"前瞻法"，这一方法高度依赖于基于电子计算机的数学模型和算法。实践已经证明，应用复杂的模型和详尽的计算机模拟，并不是开发情境的最佳途径。然而，我们从当前的情境开发工作中可以看到，这些方法是对情境进行监测、增加其用途的极好方式。

全球商业网络公司的方法是一个具有归纳性、直觉性，且符合

---

❶ 参见Millett, S. M. (2003). The future of scenarios: challenges and opportunities. *Strategy & Leadership*, 31(2), 16–24.

逻辑的方法。这一方法可以追溯到皮埃尔·瓦克,他应用和改进了赫尔曼·卡恩于20世纪60年代在壳牌时提出的概念。他所开发的框架是首先绘制出潜在未来的全貌,然后再关注细节。他认为从细节开始着手,会在情境开发的过程中遗漏一些重要的维度。之后的数年间,这一程序在壳牌得到了不断发展和完善。❶

这一方法还是一个系统化的流程,能够战胜复杂性,在混乱中创造秩序。情境规划需要全面拥抱复杂性和不确定性,这将会在商业环境中为人们提供在风险和机遇之间保持平衡的观点。对此,彼得·施瓦茨的说法是:

> 每个人都能创造情境。但如果你愿意激发自己的想象力、鼓励新奇甚至荒谬的想法,同时坚持现实主义,这项工作会更加容易。❷

然而,要认识到重要的是在情境开发活动中,牵涉其中的领导层和决策者对于"假使⋯⋯会如何"的问题和听起来不那么舒服的真相,要持有开放的态度。没有这种能力或没有意识到这种需要,情境规划之路会非常艰难。因此,如果牵涉其中的领导层对于情境开发程序持开放态度,并且愿意参与其中,他们将体验一种能够帮助他们做出更好决策的认知世界的全新方式(图3-1)。

---

❶ 参见Varum, C. A. & Melo, C. (2010). Directions in Scenario Planning Literature: A Review of the Past Decades. *Futures*, 42(4), 356.

❷ 参见Scearce, D., & Fulton, K. (2004). *What if? The art of scenario thinking for nonprofits* (p. 22). Emeryville, CA: Global Business Network.

1. 焦点问题	2. 驱动力	3. 关键不确定性	4. 情境规划框架	5. 情境叙事	6. 影响和选择	7. 监测
确定范围和战略方向	识别塑造未来的潜在驱动力	将各种驱动力经过优先性排序和归类，并入关键不确定性中	将关键不确定性与情境框架结合	为每一个情境规定框架条件	确定结果的影响和战略应对措施	监测和战略调整

图 3-1　情境开发流程

焦点问题

　　每一次情境规划活动都有一个潜在的战略挑战。因此，第一项任务就是确定这一战略挑战，以问题的形式总结出你或组织所面对的外部环境中真正的战略挑战。因此，问题就成了一个强有力的工具。"强有力的思想的关键是强有力的问题。提出正确的问题，就是我们成为成功思想者的开始。思考，在任何时候，都可以通往无数的方向，而其中一些是死胡同。问题确定了我们思考的目标，决定了我们要寻找哪些信息。"❶另外，关于你的未来，我们作为情境规划者可以讲出无数的故事，不过情境规划讲故事的实际目的，是能够为即将到来的任务做出更好的决策。因此，第一步是识别和提炼出情境规划活动应该解决的问题，并就其与所有牵涉其中的利害关系人达成一致。尽管情境规划基于由外而内的思考方式，但我们并不应该单纯地关注外在挑战，比如成长环境，因为这样做有可能会忽略掉企业内部那些会影响企业未来发展和企业行为的重要信息。

　　这并不是情境规划独有的问题。对于任何一个战略项目，都需要弄清一个市场或一个问题。在市场领域，早在20世纪60年代初

---

❶ 参见Paul, R.; Elder, L. (1996). Foundation For Critical Thinking.

期，西奥多·莱维特（Theodore Levitt）就在他的文章《营销短视症》（*Marketing Myopia*）中，指出了以产品划分市场界限过于狭隘的问题。这一文章现在已经被奉为经典，其中使用了美国铁路公司的例子：

> *铁路并没有因为客运和货运需求的衰退而停止发展。它仍然在发展。铁路现在出现的问题不是因为需求被其他形式竞争者（家庭汽车、卡车、飞机，甚至包括电话）满足了，而是因为铁路自己没能满足这种需求。他们让其他竞争者将客户从手里抢走，是因为他们认为自己处在铁路行业，而不是交通运输业。他们没能正确地定义他们的行业，是因为他们以铁路为导向而不是以交通运输为导向，以产品为导向而不是以客户为导向。*[1]

当潜在的战略挑战没有一个简单的解决方案时，最适合使用情境。这一挑战面对的应该是高度的不确定性，所以一个恰当的解决方案不会是简单明了的，因为其取决于未来各种不确定的事件。情境是一种能够给应对战略挑战带来灵感、提供不同的观察角度和不同观点的工具。因此，我们可以这样说，焦点问题为情境规划活动设定了范围，回答焦点问题，能够帮助我们为潜在战略挑战发现合理的解决方案。

由于焦点问题的开发是整个情境规划过程的基石，所以应该在综合考虑以下因素的情况下谨慎从事。

第一，我们需要确定情境的时间周期。因此，第一个问题是情境周期应该是5年还是15年。时间周期不能太长，否则无法开发

---

[1] 参见Levitt, T. (1960). Marketing Myopia. *Harvard Business Review*, 38, 45–56.

出可信的情境，不过也要有足够的长度，让想象中影响未来的潜在重大变化有发生的机会。情境可以应用在任意周期中。但是，当周期较长时，成效会更大。这是因为在我们向前展望时，未来的不确定性在不断增加。距离现在每远一步，不确定性就增加一点。根据我们的经验，强烈建议不要使用太短的时间周期，这将导致规划出来的情境只会是现实环境向不远未来的投射，而不是一个真正具有挑战性的对未来的探索。情境周期的最后一年被称为"地平线年"。

第二，需要设定情境的局部焦点。有时候，我们开发的是全球性的情境，甚或是市场尚不可知的情境。这些情境在一定程度上或经过改编之后，能够被用在任何地区。通常的情况是，我们的情境几乎总有一个具体的市场或区域，在结合了全球形势的情况下，还是要将聚光灯投向局部的不确定性上。

第三，需要选择情境的镜头或视角，以确定战略问题的范围有多大以及从何处进行观察。情境可以从很多不同的角度看待战略问题。在操作时，它们既可以通过顾客的立场看待战略挑战，也可以从雇员的立场或行业总体立场来看。看待一个问题可以有很多不同的方式。

在最初的焦点问题得到确认后，情境之旅才能开始。但是，确定焦点问题也不是一蹴而就的。一个好的焦点问题能将分散的对话聚合在一起，并为未来的探索和发现提供平台。人们经常会以一个狭隘的焦点问题开始情境规划过程，然后才发现影响实际情况或问题的各种驱动力远远超出最初的设想。焦点问题需要经过讨论并得到一致认可，这是一个反反复复的过程，甚至可能会一直延续到真正的情境开发程序开始时，才能形成定论。对于焦点问题的确认是一个关键环节。在任何情况下，一个富有成效的情境规划项目，都必须切合组织的研究目标。

在日常工作中，我们建立了自己的备忘录，用以下的定义来确定一个好的焦点问题：

- 用词精确；
- 长度不超过一句话；
- 与所有涉及的利害关系人相关；
- 具体说明时间和范围；
- 应该能够让人直接看到不确定性的图景；
- 允许出现"这取决于……"的假设条件，并避免是或不是的回答；
- 与潜在的问题或困境明确相关；
- 能够帮助实现战略目标。

实例1：

欧洲银行——从关注行业转向关注客户

在一个项目中，我们的同事请我们用情境规划能力去支持他们为一家欧洲银行所做的企业战略项目。这一客户拥有傲人的悠久历史，被一家竞争对手并购之后，一直偏居于地区市场。为了帮助客户，我们和同事讨论了自己的想法，然后将办法呈报给该银行董事会和其他主要决策者。他们立刻明确了要求，他们想要关于国内银行市场在2030年的情境，这是一种典型的情境。我们是用这样一个焦点问题开始的："国内银行业在2030年会是怎样一幅图景呢？"很快，我们不得不去回访客户。他们当时经营情况不佳，主要收入来自个人客户。因此，我们不得不告诉他们："获得一个关于行业的情境是很好的选择，但是，这对你们目前的情况没有帮助。你们需要弄明白你们的客户在如何变化，这样你们才能给他们提供最好的服务。理解客户是一个生死攸关的问题。"

在经过反复讨论之后，我们最终得到了一个关于未来银行业顾客的焦点问题，这将帮助我们的客户开发出能够在国内银行业市场中获得竞争优势地位的解决方案。不幸的是，这一战略项目的范围发生了改变，从前瞻性项目变成了改组项目，所以这一活动的性质也从前瞻性活动变成了内向性活动，情境规划就被放弃了。从这个故事中，我们了解到总体前瞻性战略和情境规划特别需要领导层和决策者具有强烈责任感。

实例2：

快速消费品公司（FMCG）

在为欧洲一家饮料行业的主要快速消费品公司开发情境时，我们最初的讨论建立在客户对于他们产品的未来有兴趣的基础上。然而，客户很快告诉我们：

当然，那对我们也很重要——但是真正对我们形成了挑战的是：消费者是如何与快速消费品生产企业互动的，特别是他们是怎样实现品牌认同的？

这是一个客户能够很好地理解它的行业和其潜在驱动力的实例。

实例3：

医疗保健公司

在为一家一流的医疗保健公司开发情境时，我们开始与客户讨论开发能够覆盖其所有治疗领域的情境。我们很快就发现，尽管将所有治疗领域合并进一组情境是可行的，但不足之处是将丢失一些具体要素。因此，我们与客户一起谨慎地决定，将治疗领域分为数个能覆盖其全部产品和服务范围的子领域。之后，我们先聚焦于一个子领域，随后再开发覆盖其他领域的情境。这样做符合我们的战略指导原则，该原则是关于做选择的：选择把哪些领域作为关注的焦点及哪些领域要稍后考虑。

驱动力

在确定了焦点问题之后，我们开始识别驱动力的过程。因为未来情境的结果由驱动力引发，所以驱动力是未来变化的根源。驱动力塑造了事件的发展路径和历史，并将极大增加我们想象未来情境的能力。如果没有驱动力，我们就不可能用情境来思考。驱动力是磨炼初始想法和做决策的工具。

对于驱动力的研究，开始于一种通过研究宏观环境的驱动力而进行的由外而内思考的方式。为保证研究的整体性，我们应用STEEP框架，从社会（social）、科技（technology）、环境（environment）、经济（economic）和政治（political）5个领域寻找驱动力。就像我们的环境洋葱图架构（图2-3）中反应的那样，这些驱动力主要存在于周围环境中。这些广阔背景下的社会、政治、经济、环境和科技领域，为很多组织提供了极大的机遇，也带来了很大的威胁。

- 社会驱动力包括人口问题和文化问题，如价值观、生活方式和人类行为。比如，对于一个由我们提供支持的电信公司来说，人口和与之相关的交流模式及偏好，是影响他们商业模式的主要驱动力。

- 环境驱动力包括大自然的活动以及可持续性问题。气候变化已经成为一个被广泛承认的事实。因此，在许多社会中，通过杠杆原理应对气候变化变得很重要。于是，二氧化碳减排成为能源生产商或制造商等重污染企业的重要驱动力。
- 科技驱动力说的是直接的、间接的和可赋能的科技。当前，在任何交易领域讨论情境问题，区块链都是一个主要的驱动力，因为它可以取消中间机构，从而消除中间商。
- 经济问题包括影响整体经济情况的宏观经济驱动力，还包括微观的和行业特有的驱动力，以及组织内部的驱动力。在公共驱动力方面，看待整体经济时，要特别关注一些高度相关的关键绩效指标（Key Performance Indicator，KPI），比如通货膨胀率或经济增长率。过去壳牌的情境开发工作中，经济驱动力也扮演了重要角色。
- 政治驱动力包括选举问题（例如选民的行为）、立法问题（国会会怎样修订政策）和法规因素（影响法院行为的法规和诉讼问题）。在与受到高度管控的组织进行讨论时，法规的变化常常是事关生死的问题，因此会在情境中发挥关键作用。

在这一框架的帮助下，我们能够避免忽略未来变化的某个重要来源。将这些驱动力向STEEP框架的各个类别中进行分配，常常并不是界限分明的，并且也没有必要在下一步的流程中解决这些模糊之处以及将这些驱动力正确分类。按照咨询界的行话来说，这些不是MECE（Mutually Exclusive and Collectively Exhaustive，互斥的和全无遗漏的），并且原本也没有这样的计划。这一框架只是起到指导作用，以防在组织通常思考范围之外的驱动力被遗漏。在一定程度上，实质问题会包含所有STEEP5个方面的驱动力。然而，STEEP框架并不是驱动力研究的必要条件。社会科学领域已经发展出了各种评估环境动力的方法，而STEEP只是其中之一。我们相信关于使用哪个框架的讨论，只是语言学问题而不是内容问题，其他的框架一样可以使用。唯一的指导原则是要有整体性。因此，有时候我们在对这些驱动力进行分类的时候，会采用更符合组织思维定式的方式，从而使情境规划的参与者能够更加轻松地处理它们。

根据我们的经验，我们的客户常常无法依靠直觉进行STEEP分类。在我们为一家全球化的医疗技术公司的一个业务单元开发情境时，我们将驱动力分配到了以下类别：

- 患者；
- 供应商；
- 技术发展情况；
- 其他方面。

在为一家一流的传媒企业开发情境时，我们采用了同样的方法，使用了以下分类：

- 观众、顾客；
- 广告商；
- 内容；
- 其他方面。

我们对于确认驱动力的研究基于4个支柱：前两个支柱是常见

的案头调研和通过访谈收集基础数据；另外两个支柱是社会趋势研究和基于人工智能的驱动力识别工作。

　　由于大部分情境项目会受到时间和预算的限制，选择最合适的访谈伙伴来提供相关信息是很重要的。因此，一方面应该对相关的利害关系人进行访谈，另一方面要对组织内部的主题内容专家进行访谈以获得他们的支持。将客户更广泛的关系网纳入访谈范围往往极具价值，比如他们的顾客、供应商，或他们所属的协会。然而，为保证形成对于某个具体题目的外部视角和最切题的见解，第三方的主题内容专家也是必不可少的。在我们的访谈中，我们需要用一种非常开放的方式来征求参与者对于未来驱动力的见解，从而可以得知他们对于未来和潜在问题的观点。我们需要理解他们的期盼和恐惧，这接下来会帮助我们理解他们行动背后的动因。因此，在访谈中并没有可以遵循的基本原则，但是你应该做到以下两点：

- 介绍项目背景，给出语境；
- 解释情境规划流程和数据的用途。

　　在这种情况下，建立高度的信任和保护客户隐私十分重要。这有助于在组织内部进行访谈时，获得与组织观点不一致的意见。访谈者需要做真正的倾听者，在访谈时集中注意力，并对回答做出自然的反应。在真正的访谈开始后，拓宽话题范围很重要。

　　另外，我们始终在大趋势研究工作的基础上开展趋势调查，这也经常成为各种项目的起始工作。❶这些驱动因素会影响很多不

---

❶ 参见Klein, F., Bansal, M., Wohlers, J. (2017). *Beyond the noise: The megatrends of tomorrow's world*. Munich: Deloitte Consulting.

同的行业，同时由于在我们生活的这个世界上，行业间存在密切联系，它们可以不分行业地进行应用。不过，我们在过去为情境所做的研究中，从来没有对这些趋势进行过区分。采用最新科技，我们可以将情境规划过程推向新的水平。因此，我们使用了人工智能。人工智能通过提高效率，扩展我们的研究资源。因此，我们可以将实时战略情境规划与过去依赖少数专家知识背景的旧式情境规划区分开来。

我们将一个驱动因素视为一个动态概念。每个驱动因素有两个极点，都代表了一种合理的未来终极状态以及一个驱动因素相对今天可能的变化。该驱动因素的实际发展状况位于两个极点之间的轴上，代表了一种连续的可能性。情境思维是一个从极点出发的思维程序。一些因素有天然存在的极点，其他的则可能没有。这让我们能够将情境开发过程的参与者的想象力推向极致，这样他们就可以看到所有的可能性。如果驱动因素没有极点，我们可以将其与今天对比，比如驱动因素X比现在发展得更快或更慢。

在一开始，我们会汇编出一个很长的面面俱到的驱动因素清单。在这一清单中，我们想包含所有能够影响我们情境的东西，而不必考虑最后的清单上的驱动因素有多少。出于实用性考虑，我们接下来会努力将这个清单由长变短，成为一个包含60～100个驱动因素的清单。这是一个高度反复的过程，在这个过程中，我们与行业专家反复讨论每一个驱动因素的作用和关联性，得出一个具有潜在颠覆性驱动因素的较短清单。我们会排除一些驱动因素，并且常常还要合并很多其他的因素，使这个清单既易于管理，也能全面包含所有信息。研究驱动因素需要十分仔细，并需要具有打破常规的创造性思维。如果没有对其进行仔细研究，会产生"无用输入、无用输出"的问题。

我们曾为一家华尔街企业的一个大型企业战略项目的一部分开发情境，我们的情境团队尽可能全面地列出了一个长长的驱动因素清单。并不是所有的驱动因素都是一眼可以看明白的，需要想一想，才能将它们与潜在的焦点问题联系在一起。不过，因为情境规划需要突破常规思考的极限，所以这些驱动因素都需要列出来。然而，当与我们公司的金融服务专家就这些驱动因素进行讨论时，专家对它们的关联性表示非常惊讶。因为专家的思想被自己的行业限制住了。我们建议不要将它们去掉，但最终还是得由专家说了算。在这一情境规划项目进行的过程中，与我们之前排除在外的驱动因素有关的问题浮现出来。它们之所以被排除在外，是因为行业专家们对它们的第一印象是没有关联性。这也显示了超越当下的行业假设和惯例、打破常规去思考是有多么重要。

关键不确定性

在识别出影响一个对象或主题最重要的驱动力之后，我们要和我们的客户及其内部专家，客户的利害关系人，以及相关专业外部专家进行一次驱动因素评估。他们需要从驱动因素对焦点问题的影响与围绕着驱动因素本身的不确定性两个方面，去评估所有的驱动因素。改变往往在不经意间发生，但是往往能够通过先兆预见它。因此，拥抱这种不确定性是生死攸关的。在任何环境中，不管是在商业、政治，还是个人生活领域，出现令人惊讶的事以及不确定性都是正常的。因此，决策者和组织需要掌握针对不确定性和不明确情况的应对机制。实际上，不确定性对人类也有一定的吸引力，正如普鲁士将军、军事理论家克劳塞维茨所说："尽管我们的理智总是渴望清晰和确定性，但我们的天性常常发现不确定的东西是令人

着迷的。"❶

　　研究者和从业者经过观察发现，人们对于不确定性有两种典型的反应方式。第一种反应是否定不确定性，决策者将现实过分简单化，表达出盲目的自信。不能领会改变的紧迫性，是否定不确定性最明显的原因。不过，还有一个更加微妙的原因。一个案例是，当一个组织开始依赖于某一种过去曾推动其发展但已与当下的行业格局不相适应的商业模式时，组织已经陷入一种惯性，只会去寻找与人们的思维定式相符的机遇。他们甚至会建立起一套标准，将不符合他们思维定式的机会排除在外。他们面临在未来遭受苦难的巨大风险，因为他们将来自稳定的已知世界的度量标准应用在了一个混乱的世界上。这是一种严重的认知偏误：没有认识到环境是不确定的和混乱的，需要人为去做出改变。这种现象存在于各种组织中，会阻断所有创造性，让组织面临各种意外。柯达就是一个例子。

　　1975年，柯达发明了第一台数码相机，但是柯达将其视为对自己生意最大的威胁。史蒂夫·赛尚（Steve Sasson）是这台相机的发明者，他将柯达管理层对这一创新的反应总结为："那是一个无胶卷的相机，多数管理层的反应是'那很可爱——但是别告诉任何人'。"他们将数码相机视为重大威胁，然后拒绝它。柯达的抽屉里不仅有数码相机设计图，在20世纪80年代还开展了一项关于数码相机的重要研究，关于数码相机会对他们的生意造成如何颠覆性的影响，并获得了一幅非常详细的图景。这一研究为他们提供了至少10年的准备时间。而柯达错失这一机会的结果是，它最终于2012年破产了。回顾历史，柯达的创办人乔治·伊斯曼（George Eastman）

---

❶ 参见Von Clausewitz, C. (1976). *On War*. Translated and Edited by Howard, M. & Paret, P. Princeton, NJ: Princeton University Press.

是一个十分善于理解市场颠覆性变化的人。最初，他放弃了一门盈利颇丰的干版摄影生意，转向了胶卷制造业。他的第二项改变是在黑白胶卷还是主流的时候投资彩色胶卷，而当时柯达在黑白胶卷市场上占有统治地位。他为柯达数十年的成功打下了基础。[1]

　　第二种典型的反应是无动于衷。决策者试图为所有事做计划，然后等着看哪一个选项会成真。然而，在今天这样一个高度全球化的复杂世界上，为所有问题都做个计划是不可能的，因为变量太多了。他们可能意识到了应该找到另外一条行动路线，但是当这些选项出现的时候，却表现得无动于衷。他们或多或少承认存在不确定性，但是没有能力就如何向前走做出决定。"无动于衷"的问题常常是由于缺乏在可用选项之间做出选择的能力。当科技快速发展或新的市场出现时，自信地做出正确的决定，或在正确的时间分配正确的资源很具挑战性。决策者将常常等待，期望能够再多一个数据或信息，因为这个数据或信息能够带来极大的安慰，或能够帮助确认哪一个才是正确的选项。然而，这样的信息极少出现在正确时间，所以届时环境已经发生了变化，机会就已经错过了。还有一种不常见的情况，无动于衷还可能来源于组织对其竞争环境和顾客的误解。他们规划中的竞争和威胁，比实际上面对的要严重得多。当实际面对一种高度不确定的情况时，由于市场已经发生变化或新科技已经颠覆了行业，决策者可能会过度强调各种威胁，不能超越当下的挑战看问题。这样一来，一些组织更有可能低估他们自己影响和塑造市场的能力。另外，很多不同的研究成果展示了今天的工作环境怎样导致了"无动于衷"：

---

[1] 参见Business Standard. (2012). Kodak files for bankruptcy, plans biz overhaul.

- 精神病学家格伦·威尔逊（Dr Glenn Wilson）博士在对员工智商进行了全天监测之后，结果显示员工在试图应对多个信息时，智商会下降10个点。
- 微软开展的一项邮件追踪研究发现，在被邮件或即时消息提醒打断之后，一个知识型员工平均要在24分钟之后，才能继续进行已经暂停的任务。很多其他研究显示，知识型员工有大约60%到80%的邮件是不必要回复的。
- 2009年，巴塞克斯研究咨询公司（Basex）估计，工作环境中的劳动力信息过量问题每年耗费美国9000亿美元。

在第二次世界大战期间，英国首相丘吉尔发布了一则可能有点反常的公报。丘吉尔曾经说过他"只对最好的感到满意"，但他当时面临一个窘境。他迫切地想要跨过英吉利海峡，将战事引向欧洲大陆。但如果这样做，他必须为了获得更多的战争利益而接受某些并非最好的结果：运输军队和武器装备穿越英吉利海峡，需要设计新的登陆艇。这使他处在一个艰难的境地。当丘吉尔听说登陆艇的设计师正在努力探讨重大设计变更的问题时，他传达了这样一句警告："'凡事力求完美'这句格言，简单点说就是'什么事都做不成'。" ❶

面对拒绝和无动于衷的危害，当一些组织为了保住市场地位或实现发展，不得不去想象他们的未来时，会面临进退两难的境地，就不让人感到意外了。如果新的举措没有驱动力，推动发展的尝试也会彻底失败。情境规划是一个让"意外"浮出水面的好办法。但

---

❶ 参见Roberts, L. (2010). Analysis paralysis: A case of terminological inexactitude. *Defense AT&L*, January-February, p. 18–22.

是，决策者不可能为所有可能发生的事做出规划，只能聚焦于某些问题。情境规划在这个时候，可以帮助他们解决复杂性问题，做出必要的选择。

尽管我们不能看到未来，并因此受到不确定性的影响，但我们能够将不确定性分成三种不同的类别：

- 历史上关于不确定性有足够可供参考的先例，有助于对发生概率进行估计，但仍然保留了判断的因素，因此继承了一定程度的不确定性。股市对央行利率决策的反应就是一个例子。金融机构已经开发出了各种工具来对冲这种不确定性。
- 当出现新的变化而又没有统计依据来得出可能的结论时，就会出现结构上的不确定性。每个事件都是独立的，而且缺乏整体的一致性，所以没有证据来判断可能性。事件可能向不同的方向发展。这种不确定性是情境规划的基础。
- 我们在某个时间点无法想象的不确定性被称为"黑天鹅"。❶它们是令人惊讶的事件，对我们目前生活的世界有着巨大的影响。过去的黑天鹅事件有切尔诺贝利核灾难和数码痴呆症。未来的黑天鹅事件可能是来自外星文明的攻击，或者是一种可以杀死大多数人类的引发基因突变的生物病原体。

对于我们的情境规划方法而言，第二类不确定性是关注重点。

---

❶ 更多信息请参阅Taleb, N.N. (2010). The Black Swan: the impact of the highly improbable (2nd ed.). London: Penguin.

第一类可以改编成概率模型，因此不需要情境。而黑天鹅事件很难捕捉到，因为在它发生前根本没有先兆，所以很难制订计划。

我们通过专家调查，得出对每个驱动因素的可能端点的评级，并以其标准差来确定不确定性，即我们测量到的未知性和波动性的水平。举一个我们开始写作这本书的时候发生的案例，让我们的讲述更加丰富，案例十分切题（现在仍然是）。2016年6月23日"脱欧"公投之后，关于这一事件对欧盟的影响，专家们有各种各样的意见。一组专家称欧盟会因为英国"脱欧"而分崩离析，其他的专家则认为英国"脱欧"会促使欧盟更加团结。在我们的驱动因素评估中，两种结果（挑选专家时注意了来源的广泛性）呈现出很大的标准差。这是一个不确定性非常高的自变量的例子，因为两种结果都具有令人信服的论据。

某些趋势和驱动力也许具有很大的影响，却具有一定的确定性。已经在各自发展路径之上且不能为我们所控制的驱动因素，我们将其定义为预定元素或是趋势。对于这些驱动因素，我们能够在一定程度上预测出相关事件的发生和结果。这些驱动因素差不多是每个情境的给定条件，不过，它们有可能会与情境中特有的事件互相干扰，从而获得发展动力。将驱动因素与关键不确定性区分开来，并理解每一个驱动因素的基本原理十分重要。因此，在我们开发情境叙事时，它们在每个叙事中都会发挥作用。可是，它们可能具有不同的起源，比如：

- 缓慢变化的现象（基础设施发展或人口变化）；
- 受制约的情况（许多发达市场面临的社会保障危机，或一些国家由于缺乏资源而需要和某些国家保持积极的贸易平衡）；

> - 趋势已经在进行中（人口老龄化带来的人口变化——不包括移民）；
> - 明显不可避免的碰撞（分支银行VS网络银行）。

情境开发，需要确认最重要的驱动因素。为实现这一目的，我们会使用影响–不确定性对比表——一个咨询行业经典的2×2矩阵，并用我们在一开始获得的专家评定结果进行填充。20世纪70年代，凯斯·范·德·黑伊登在壳牌工作期间，创立了这一方法，用来将在情境开发过程中所包含的大量驱动力放在一个分析结构中（图3-2）。❶

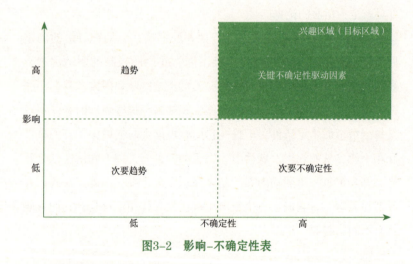

图3-2　影响–不确定性表

---

❶ 参见Wulf, T., Meissner, P., & Stubner, S. (2010). A scenario-based approach to strategic planning–integrating planning and process perspective of strategy. Leipzig: Leipzig Graduate School of Management.

那些具有较大影响和高度不确定性的驱动力——我们称其为关键不确定性驱动因素——是我们关注的兴趣区域。它们具有将未来推向一个方向的潜能。出于战略规划的目的，它们可以被赋予不同的理解，因此需要根据不确定性来开发出不同的情境。通过拥抱这一不确定性，人们就能够接受这一现实：通过研究来避开不确定性是不可能的，但是可以降低其水平，并能够使决策过程结构化。

位于左上方的驱动力是趋势，即预定的因素。它们对于焦点问题有着很大的影响，并且因为大多数课题专家都认为它们将朝着某个方向发展，所以它们使稳健的规划成为可能。它们是构成未来4个情境的基本要素。

位于左下角的驱动因素是次要趋势。我们对于它们将如何发展很有把握，但是它们的影响有限。因此，我们在未来会继续监测它们如何发展，但除此之外，在下一步情境开发的过程中并不对其进行关注。

位于右下角的部分是次要不确定性。我们不知道它们将如何发展，但它们的影响力有限，所以就像是次要趋势一样，只是存在于观察名单上，而并不纳入真正的情境开发过程中。

在工作坊中讨论驱动力时，我们经常要将它们在我们的矩阵中挪来挪去。有些驱动因素乍看上去高度不确定，但仔细观察会发现它们是预定的。有些驱动因素在开始时给人的感觉是独特的，但经过仔细观察发现，它们具有共同点或属于同一范畴。因此，为解决复杂性，我们将位于右上角的驱动因素中属于同一范畴的合并在一起，组成关键不确定性。这意味着它们具有一些共同点；它们讨论的是相似的概念，或将推动世界向同一个方向发展。这一过程的基础是联想性思维，它是一个心理过程。

在这一思维过程中，思想是发散的、直觉的，并对给定刺激的广泛关联充分接受，还具有分析（聚合）思维，具有分析、综合和集中的能力。❶

在很多行业的情境规划项目中，我们都能观察到与数据相关的驱动因素。这里，我们可以把这些驱动因素归类为数据可用性、数据管理、数据所有权，以及科技巨头（不仅是美国的谷歌、脸书、亚马逊，还包括中国的百度、腾讯）的作用。对于这些集群的真正描述，当然要视焦点问题而定。这些关键不确定性是开发一组情境的基础元素。它们是回答焦点问题的关键所在。我们努力通过对驱动因素进行分级和归类去解决一个困境——试图理解所有的驱动因素和它们之间的关系，却只有几个驱动因素是回答焦点问题所必需的。我们不会只关注单独的趋势，因为几乎所有的趋势都是互相作用的，且会改变运动方向。因此，我们将它们合并起来形成一个多维度的模型。

情境规划参与者有时候会担心降低复杂性将导致价值降低，但是在接下来的过程中，在本阶段中被排除在外的驱动因素，都可以被重新纳入情境叙事中。

实例1：

传媒公司

我们曾为一家大型传媒公司运作一个情境项目。由于市场上新企业的

---

❶ 参见DeHaan, R. L. (2011). Teaching creative science thinking. *Science*, 334(6062), 1499.

加入和新的商业模式，这家公司面临强烈的市场干扰。我们与高层管理者和战略专家开展了一次工作坊，讨论了整个行业到2030年的图景，以及他们要怎样做才能成为未来的赢家。在这次工作坊上，对于关键不确定性，参与者在一定程度上感到了困惑。对于如何定义不确定性，我们缺乏共识。因此，我们不得不将更多的注意力用在厘清关键不确定性上，直到能够让每个人都认可我们的定义为止。只要纠正了所有的误解，我们就拥有了获得优质情境的能力。这个案例告诉我们，想要获得所有人的认可，清晰的语法和句法都很重要。

实例2：

亚洲农药公司（Agrochemicals in Asia）

　　当我们在一个亚洲发达国家的同事，正在为一个一流的化工公司开发一个市场进入战略更新项目时，亚洲农药公司请我们提供一些对未来的看法。这是一个非常有挑战性的项目，因为这是我们在这个文化环境中的第一个项目。对于流程的每一步，他们都想弄明白其内在逻辑和基本原理。因为并不是每一个解释都符合他们的思维逻辑，所以我们不得不进行更深的跨文化研究。逻辑与语言和其他文化因素密切相关，强烈影响着人们的想法和行动。结果是，我们不得不对我们的工作过程进行微调，来适应他们文化中的思维方式。这一项目向我们展示了一个国家的文化对情境规划过程具有强大的影响力。

　　我们可以从经验中得知，如果一个情境规划的参与者具有跨行业和跨文化的经验，他将能更加有效地引导团队。将驱动因素归集成为关键不确定性是一门艺术，而不仅仅是一门科学。对于那些受到数字和量化完美主义驱策的群体，比如刻板的德国工程师，这项任务尤其具有挑战性。

情境规划框架

在将兴趣区域（目标区域）内的驱动因素集合为关键不确定性之后，就可以开启情境规划框架开发程序了。首先，我们评估哪一个关键不确定性是最为相关的。这项工作由情境规划工作坊的参与者通过一个简单的评分活动来进行。因为我们想将相关性较弱或没有相关性的因素组合考虑，所以下一步工作是测试关键不确定性之间的相关性。它们在因果关系上应该是相互独立的。这里所谓的相关，既可以是单方面的，也可以是相互的。原油价格驱动因素集群与中东经济发展驱动因素集群的关系，是一个关于相关性的好例子。由于原油价格的变化对于该地区的经济发展影响很大，很难开发出4个区别明显的合理情境，因此，不能将两者进行组合。一旦形成了一个可以组合的不相关关键不确定性列表，情境规划工作坊的参与者就要对不同的组合进行评级，目的是选出对当前战略问题最有影响力的组合。排在前三的组合随后会接受测试。每个关键不确定性以自身的两极相连，为情境框架提供一根轴线。因此，最初的结果是3个情境框架，每个框架都由两根轴线组成，每根轴线都代表了一个关键不确定性。每一个框架的初始逻辑都要经过测试，一个给定情境的逻辑用矩阵中的位置来表示。因此，我们构建的情境从一开始就是高水平的。

最终，我们经常会得到多个情境。不过，它们常常可以被以清晰的逻辑进行合并。

实例1：

德国制造业

在为德国的制造业开发未来情境时，我们最终得到了两组情境。它们都很有意义，且都能回答焦点问题。可是，我们必须优选出一组情境，进行专门研究。在开发情境的过程中，我们很快认识到，可以将一个情境框架放在另外一个情境框架之上，形成一个双层的框架。

实例2：

一家全球医疗科技公司的研发战略

在为一家全球医疗科技公司的研发战略进行情境开发时，我们也得出了两组情境。我们设计的两组情境都很有意义。然而，在讨论过程中我们得出了这样一个结论，其中一组情境框架更像是一个中期情境，而另外一组则定义了长期市场。尽管第二组情境对于客户的商业模式更激进、更具有挑战性，但因为中期情境更加符合焦点问题的时间周期，他们最终决定选择第一组情境。

情境叙事

在开发出了3个不同的情境框架，并逐一对其初始逻辑进行讨论之后，就到了选择最合适的情境框架的时候了。在这个过程中，既有可能因为其他关键不确定性组合的逻辑性较差，所以自然只留下一个框架，也有可能其中的2个或3个框架中的情境都很有意义，需要组织一次投票来选出最合适的情境框架。

此时，讨论深层次的原因可能有用。深层原因是导致一个结果，引发兴趣的某种情况或因果关系的初始来源。在情境规划中，它们是各个情境中的根本动能。因此，深层次原因是在情境中导致未来世界起伏不定的原因。

选定框架之后，4个情境都需要通过充实化和具体化转化成为生动的故事，使其成为更容易想象出来的未来。这将有助于反映出情境规划者将哪些理念纳入了考虑范围。叙事是一种对观察所得和复杂问题进行整理，并使其更可想象的强有力的方式。阿里·德·赫斯是壳牌公司规划部门的领导，正是在他的任期内，情境规划在该公司扎下根来。他说："情境就是故事。它们是艺术作品，而不是科学分析。与故事内容的可靠性相比，其对话的类型和激发的决策更加重要。" ❶

这一部分的价值常常被低估。然而，情境的好坏，取决于人们在传递重要信息时的沟通方式。人类倾向于相信那些因果关系连贯的具体故事。除非能够讲述一个可靠的故事，以叙事的方式将因果关系明确的预想事件组织成一个真实或虚构的证据，否则很难让人相信某个理念。这些故事在写作时应该使用丰富的形象化语言，让它们更容易记忆的同时提供新鲜的观点。由于情境有着不同的受众群，故事的讲述方法也要与之相适应。一个面向专家的关于行业发展的情境如果没有使用行业术语，可能会导致受众对其失去信心，而一个满是极客语言的情境，则可能会让外行人一头雾水。

趋势、先决条件和具有较低不确定性和较大影响力的驱动因素等，必然会成为各个情境的一部分，所以首先要将其纳入考虑。然后考虑每个情境中关键不确定性中的驱动因素，以及它们给定的

---

❶ 参见de Geus, A. (1997). *The living company: Growth, learning and longevity in business*. London: Nicholas Brealey Publishing.

端点在每个情境中将会如何运行。这样一来，就需要考虑这些驱动因素之间会如何互相影响。最后，对所有没有计入关键不确定性的不确定性驱动因素，也要进行分析。在一个情境工作坊中，我们常常是在全员开发出一个情境叙事之后，再分组去开发剩下的情境叙事。

对于每个情境，都需要考虑下面6个关键维度。

- **挑战**。对现有的传统智慧发起挑战，而不是仅仅通过提供相同主题的变体来提供新的视角。区块链技术蕴含着一种去中心化的商业模式，所以常常作为一个能提供全新视角的主题。在为一个医疗科技公司开发研发战略时，客户最初并没有意识到区块链的用途，但最终发现了它对商业模式的巨大影响。还有一个石油行业的案例。客户曾经只思考技术和石油价格周期，因为他们的利润率很高，效率并不是他们的主要驱动因素。尽管如此，在开发情境时，我们帮助他们提出了情境规划的中心问题："假使……会如何？"并以我们得出的可能命题，对他们发出了挑战：油价大幅下跌，整个油气行业的性质发生了变化，连最大和最有钱的石油公司都需要提高效率。

- **发散**。情境具有了发散性，就可以将"思维"向不同的方向延展。如果正确遵循情境规划的程序，自然会得到具有发散性的情境，因为它们都是具有发散性的极值点的组合。

- **平衡**。在积极故事和消极故事之间，努力达到一种良好的心理平衡状态。作为一个整体的一组情境和其中的每个单独的情境都需要做到这一点。有些情境会积极一些，而有些情境则会消极一些。在上文提到过的医疗科技公司的案例中，我们构建的两个情境框架显示，长期的极端情境框架让参与者非常忧心，因为它动摇了企业的根本。

- **合理**。每个场景都可能以某种形式或在某个细分市场实际发生，并且因为其符合某种因果逻辑而可信。
- **相关**。与当前的关键战略课题相关的情境，能够回答焦点问题，所以战略规划和企业应用都是可行的。然而，以维持现状和照常经营为目标的情境，并不会占据有利地位，因为这种情境几乎无法让参与者重新看待他们对于未来的假设。要做到这一点，就必须不断地反复与焦点问题进行交叉检查。
- **内在一致**。内在一致性能保证情境中的每个事件都与论证的因果线相关联。一旦内在一致性这条线断了，情境规划也就失败了。

每个具体化的情境叙事，都是一种在不同的情境假设条件下，对未来最可能发生情形的平实描述。它们围绕着仔细构建的情节展开，这些情节突出了情境的重要因素和情境随时间的发展变化。每个情境不仅需要讲述最终状态，还需要细致描述随着时间流逝逐步形成的过程。这使得密切监测塑造未来的趋势和更好的决策过程成为可能，原因是执行官们能够更清晰地看到那些让一个情境变成现实所必需的先决条件。在情境叙事中，人、地点和事物被组织成为未来的结果，对流行观点发起挑战。情境叙事以一种让利害关系人感到需要重视的方式，让另一个未来鲜活起来。合理的叙事能够极大增强情境内容的可信度。情境内容的表现形式也将进一步增强其可信度，生动的叙述和动人的呈现，可以让效果大大提升。

深层原因的组合，为所有情境创造最令人信服的开端提供了良好平台。你应该尽量不在两个不同的场景中使用相同的深层原因。而一个关键因素或趋势，至少要在一种情境下进行考虑。不过，许多趋势和不确定性可能在许多甚至所有情况下出现。

每个关键驱动因素和趋势，都至少应该在一个情境中出现，而有些因素很可能会出现在多个甚至所有的情境中。例如，人口的变化可能包含在所有情境中，但是其他STEEP变量（如教育、移民、消费等）可能会产生不同的效果。有时候，怎样在一个特定情况下考虑不确定性是十分清楚的，但很多时候这一问题要复杂得多。

情境叙事的成功依赖于经典的故事讲述方式。我们的大脑对故事很敏感，因为我们就是通过故事理解世界的。故事能够将复杂的数据简化，并有效地传递信息的影响。如果故事讲述得当，可以创造出新的视角，并让我们看到新的可能性。故事对于认知和情感有巨大的影响力，能够增加事物的可记忆性和内在意义。与之相反，数据本身是必要的，但还不足以推动行动。在开发情境时，只期待变化是不够的，情境开发人员需要预测反应。很多大型成功组织中的规划人员，常常认为他们可以依靠自己驱动组织的未来。每个生态系统都有做出反应和自我纠偏的能力：持续、快速的经济增长可能带来阻力，而战争的威胁则会引发对和平的诉求。在石油领域，当油价升高时，为了生产更多的原油，新的区块会被勘探，新的技术会被应用，最终产量的提升会导致油价下跌。这又会导致一种创新低迷、过去的变革驱动者举步维艰的环境，我们可以从近年来的水力压裂法（石油开采法）热潮和全球油价走向中观察到这一点。

在下面的段落中，我们会简单介绍一些将情境具体化的工具和传统的叙事情节。

让我们从工具开始。系统思维对于改进叙事情节很有益处；叙事结构能够有效地将基本概念扩展为带有开头、中间和结尾的叙事；主角也是一种工具，用来将能够使情节个性化的重要人物或说明性人物填充到情境中。[1]

> • 系统思维：为了探索情境的逻辑，研究一个系统内部各部分的交互方式会很有用。这意味着不仅要观察天气预报的结果，还要观察其潜在原因，比如说墨西哥暖湾流影响北大西洋暖流，进而影响德国天气。在我们的社会中，一般来说，我们只是关注事件本身，而不关注其潜在原因。因此，我们会只看到股价暴跌突然发生，而不会关注暴跌背后的原因。冰山模型将这一现象描述得更清晰。一座冰山水面上的部分只是其体积的八分之一，其他部分都在水面之下。位于水面之上的顶端，是事件本身和我们身边很容易看到的东西，比如政治选举或公司的兴起与垮掉。然后，很多原因都淹没在水面之下，只有通过更加深入的调研，才能揭示这些事件所代表的模式。它们可能是社会问题或者是行业内的合并。在这些模式之下，潜藏着能够定义关键情境逻辑的至关重要的组织调整，比如组织信仰的基本转变或部门重组。当不同力量之间的关系出现问题时，有一个实用办法能给情境团队很大帮助：将各个驱动力单独映射到事件、模式和结构上，然后用它们一起生成一个表现不同驱动力如何交互的系统图。使用便签来识别发生的事件并随后将它们集群（和再集群），识别趋势并将它们联系起来，之后再识别组织的基础问题，就可以生成

[1] 参见Ogilvy, J., & Schwartz, P. (2004). *Plotting your scenarios*. Emeryville, CA: Global Business Network.

这样一个系统图。

- 构建叙事：一旦已经将情境中的不同世界的根本逻辑描述出来了，就要把各个部分混合起来创作一部叙事，其中包括一个开头、一个中间和一个最终状态，并且应该反映出世界是如何从当下的现实变成情境中的未来的，它还应该以一种合理和可行的方式，对建立最终状态的需求做出反应。一个常见的错误是满足于对潜在最终状态进行单一状态的描述。单一状态这种静态图像丢失了看到"移动组件"如何互动的机会，如果一再如此，偶尔会在叙事过程中产生违背直觉的感觉。叙事对于捕捉具有时间依赖性和路径依赖性的问题，也是至关重要的。我们可能会对科技的最终状态达成一致，可是对于赢家和输家，以及他们未来的道路，人们则会有不同的看法，例如，蓝光和HD-DVD作为DVD接替者的斗争。这些路径往往是被监管、技术、经济竞争或行业整合等带来的短期影响所决定的。我们经常要求我们的情境团队为事件或趋势写新闻标题。对叙事中包含的连在一起的各个阶段，标题是一种迅捷的定义方式。优秀的标题可能预示着一个引人注目的开头，然后是一个无序的中间时期，最后是一个令人满意的结果。所以我们经常要求团队去关注煽情小报所用的标题样式，比如英国的《太阳报》（*The Sun*），而不是看那些十分学术的标题。
- 人物和角色：很多情境使用"人物"作为驱动力时，经常使用组织或机构，甚至是国家，很少使用个人。然而，有时候一个广为人知或虚构的人物可以澄清和强化情境的逻辑，如一个魅力非凡的领导者，在激进的变革中赢得了一票追随者。一个（真实的或虚构的）人可以集中体现关键驱动力的相互作用。但是，在构建情境时，不是全部情节都要围绕一个个体的个性或影响力来展开。因为在情境开发和发布之间的时间段内，临时发生的事情可能会导致失败，情境在传输过程中也可能会降低可信度。创造生活在情境中的人物，也是一种应对突发情况的方式。我们在实践中，倾向于选择虚构的通用型角色而不是有特点的人，以便获得使用人物角色的大部分好处，并避免误区。

每个情境的情节或叙事的逻辑都应该是不同的，但都要与焦点问题相关。叙事的开发可能会很费力，但标准的情节线索能使这个过程变得轻松一些。一旦选择了一个情节，在给定的框架内可以让想象自由驰骋。故事的原型可以来自对金融系统或政治体系发生巨变时的观察，技术的兴起和没落，以及社会话题摇摆不定的风向。合理而有用的情境叙事，要能引发人们重新思考他们关于未来的假设。然而，过于令人恐慌或难以想象的故事，往往会不被重视，从而削弱了情境的总体重要性。尽管有些故事原型已经存在，情境叙事的开发也不能照葫芦画瓢。另外，那些原型故事也只是可能发生的事件而已，还有很多其他方法可以调整情境叙事。❶

---

❶ 参见Schwartz, P. (1991). *The art of the long view: Planning for the future in an uncertain world*. New York, NY: Doubleday; See Ogilvy, J., & Schwartz, P. (2004). *Plotting your scenarios*. Emeryville, CA.

- 由胜利者和失败者组成的情节是零和博弈：一方赢了，另一方（多方）就输了。在这样的故事原型里，冲突是在所难免的。然而，经过短暂而剧烈的敌对之后，冲突可能会平息或演变成为一种力量平衡的状态。有时候，冲突会逐渐加剧，并演变为军事战争或经济战争。一个典型的例子是智能手机领域里三星与苹果的斗争。它们在开发最先进的智能手机方面展开了激烈竞争。但是，它们同样互相依赖，因为三星是苹果的供应商之一。这表明在这个情境中，既有赢家和输家的情节框架，也有附加的平衡的成分。有时候，成为输家要比成为赢家更好——只要你还能生存，或仍然能在商业世界的游戏中玩下去。想想《伊利亚特》(*Iliad*)，像勇士阿喀琉斯（Achilles）或迈锡尼的国王阿伽门农（Mycenae Agamemnon）那样的胜利者死去了，而像埃涅阿斯（据说是罗马帝国的开国元勋）那样的失败者为一个新的帝国奠定了基础。

- 好消息-坏消息情境。叙事中包含合意的和不合意的元素对于一个平衡的情境至关重要。特别是在与客户一起工作时，将关于组织的坏消息纳入情境之中常常非常困难。然而，这样做是必不可少的。另外，好消息也许也包含一些消极的方面，反之，第一眼看上去不利的消息也许会提供机会，也可能是一种与未来大为相关的变革的重要源头。一则古老的道家寓言可以作为一个典型的例子：

  一位中国农夫新得到了一匹马，但它很快就跑掉了。他的邻居说："真是个坏消息。"农夫回答说："谁知道是好消息还是坏消息呢？"

有一天，这匹马回来了，还带来了另一匹马。他的邻居说："真是个好消息！"农夫回答说："谁知道是好消息还是坏消息呢？"

农夫把这匹新马给了他儿子。儿子骑着它出去，掉下马来，腿严重受伤。

"对于这个坏消息，我真的很难过。"邻居关心地说。农夫回答说："谁知道是好消息还是坏消息呢？"

不久之后，皇帝的军队来了，带着所有强壮的年轻人到远方去参加即将到来的战争。最终，农夫的儿子因为身体残疾避免了参战。❶（以上故事是《淮南子》中的一则，名为"塞翁失马"，原文为：近塞上之人有善术者，马无故亡而入胡，人皆吊之。其父曰："此何遽不为福乎？"居数月，其马将胡骏马而归。人皆贺之。其父曰："此何遽不能为祸乎？"家富良马，其子好骑，堕而折其髀，人皆吊之。其父曰："此何遽不为福乎？"居一年，胡人大入塞，丁壮者引弦而战，近塞之人死者十九，此独以跛之故，父子相保。故福之为祸，祸之为福，化不可极，深不可测也。）

- **危机应对情境。**首先，情境中出现了一个或多个困难，然后调整发生了（或持续发生）。如果调整是有效的，新的赢家和输家就会出现，最后游戏规则彻底被改变。一个典型的例子是德国的能源转型。尽管德国前总理格哈德·施罗德（Gerhard Schröder）的社会民主党和绿色联盟政府，在2000年就已经决定淘汰核动力发电，安格拉·默克尔

---

❶ 参见Theiss, E. (2009). Parable of a Chinese farmer: How an ancient story resonates in today's hard times.

（Angela　Merkel）的保守党政府在2010年更改了这项法令，延长了核电站的运营周期。2011年，受日本福岛核事故影响，他们又调转了能源政策的风向，开始推进核电的淘汰。

- 渐进式变革。这一原型是基于对任何系统都会随着时间兴起和衰落的规律的理解。人类创造的体系一般会一直向前，不会过多考虑无法逃避的衰落，特别是在成长阶段。然而，即使变化是可以预见的，人们也很少能看透它的类型和规模，因此也很少能够妥善应对。这种故事原型的另外一个版本是共同进化式变革。一个系统中的变化会与另外一个系统发生互动，因此会同时引发另外一个系统的改变，比如一项科技经常会引发共同进化。新的发明被引进来，然后取得了成功（或失败），它们可能是其他创新的技术核心，会同时与社会、政治、经济和环境领域产生互动，比如区块链技术。这一技术因为在加密数字货币（如比特币）领域的应用，受到了大众的广泛关注。同时，这一技术能够使很多的工作流程更加轻松、安全、快捷，成本也更低，从而有可能产生颠覆性影响，让很多行业和工作岗位变得冗余。

还有一些其他的情节原型，我们下面简单介绍一下。

- 包含一个突然变化的革命性情节。这种情节既可以是人类造成的（例如像发现青霉素那样的突破性创新），也可以是自然灾害（如一场海啸）。

- 包含结构性变化的基础构造变化情节。这种情节会带来巨大的变化（可以用火山爆发来形容）并引发一系列事件，这些后续事件都是可预见的。预测欧盟的解体可以作为这类情节的一个例子。

- 历史的各个方面都是周期性发生的，这就提供了一个很好的情节原型，因为变化的时机至关重要，但又不可预测，例如房地产市场的兴衰或猪肉价格周期。❶

- 无限可能性情节原型遵循了一个诱人的理念，即持续增长是可以实现的。一个例子就是今天的互联网经济，像谷歌、脸书（现改名为元宇宙）、亚马逊和苹果等。

- 在任务—情境—叙事的情节原型中，一个组织或个人必须完成一个违背既定的规则和程序的任务。主角经常看到自己在与一个系统进行战斗，这个系统在他眼里是腐败、邪恶的怪物，对他的领地产生了威胁。这通常出现在初创企业与成熟市场领导者进行竞争的情境中。这是一场先发优势和后发优势的较量，比如聚友与脸书、IBM与苹果之间的关系。

- 以人口或代际为重点的情境情节，反映了新文化和新群体的崛起以及价值观和期望的不断变化。例如，Z世代（1995—2009年出生的人，又称网络世代）将如何改变劳动力和工作场所。

---

❶ 猪肉周期是一个经济术语，描述的是周期性的供求关系波动，在供求适应之间有一段时间的滞后。因此，这种市场的主要状态是供过于求和供不应求，而供求均衡的状态是很罕见的。这个术语源于对牲畜市场的研究。资料来源：德国经济研究院《柏林德国经济研究院90年重大研究成果汇编》，2015。

- 渐进式变革情节原型和无限可能性情节原型的结合，称为永恒变化型情节原型。这一情节认为变化是持续但不恒定的。一个很好的例子是计算技术的发展，它不仅涉及性能提升，还涉及像量子计算这样的新技术带来的系统性的变革。

在开发出能够满足情境标准的情境叙事之后，我们需要为每个情境找到一个朗朗上口且容易记住的名字。这个名字应该能立即传达出这一世界里的重大变化，以及这些变化对组织的影响。此外，它应该是清晰的，能抓住主题的本质和潜在的逻辑。这有助于高层管理者记忆和回忆情境，从而自然地将情境插入一个组织战略思维的关键部分。通常，我们会参考现实世界中的某些东西来为情境命名，比如书籍、电影、电视节目的名字，有时甚至是地名。

作为情境叙事框架的最后一步，我们问高层管理者："那么，你们将会把正式的未来押注在哪一个上？"之后，就可以将情境设定的定性模型转化为定量模型。尽管这不是情境开发活动的主要目标，但定量模型通常可以通过高水平的量化，对情境的内部一致性进行检测。

影响和选择

通过阐明艰难但合理的前进道路，情境促使决策者"思考不可想象的事情"，预见意外事件，思考新的选择，并且还有助于克服"拒绝"心理。经过情境规划程序的一系列过程，对各种可能的未来进行了开发和思考之后，决策者在进行战略规划时，就不会出现拒绝和麻痹的典型反应。通过这种方式，决策者已经看到驱动力将如何发挥作用，并对周围环境做出了系统评价，因此他们可以做出关于未来战略的英明决策。与此同时，将关键选项明确地结构化，有助于应对"麻痹心理"。当决策者不仅看到了合意的新选择，而且对战略选择有了深刻的理解时，"麻痹心理"就会消失。在情境构建过程完成后，参与者必须开始思考在各种情境中他们想要追求的战略选择，因此需要回到最初的焦点问题。此时，核心团队应该为团队调研"那又怎样？"（so-what）的问题，即影响和选择。其中影响是组织运转时所处的工作环境，而选择是组织在情境规定的条件下所有可以采取的行动。

影响是指组织面临的新挑战、瓶颈问题和短缺的资源，以及伴随情境而来的新需求或新能力。有一些涉及范围很广的话题，会出现在大多数讨论中。它们是：

- 以当今世界的眼光，如何看待情境中的世界？
- 市场和利益相关者会如何演变？
- 法规会如何变化？
- 我的组织会受到何种影响？

然而，影响的类别需要根据实际需要进行调整。之后，它们需要被转化成可执行的选择。我们要为每个场景思考其成功因素，这是中间步骤，无论是针对特定的部分，还是所有的影响类别，都要如此。成功因素是资产、盟友、能力，或其他能够帮助组织在给定的情境中获胜的必要因素。然后，利用这些成功因素，将启示转化为选择。选择指的是在给定环境下有助于取胜的反应、临时措施和修正方案、新原料、供应商、其他合作伙伴，或变化的产品、服务、渠道创新、特定投资或开发活动。使用的类别需要根据实际需求进行调整，直到现有的、原创的和新发现的选择组合在一起，成为战略的基础。

在开发了每一个情境的影响和选择之后，需要建立不会过时的稳健的战略选择。一个稳健的战略需要胜过其他所有可供选取的未来。为了能够识别出这样的战略，你需要问以下问题：

- 在这一情境中，成功是什么样子？
- 你将涉足哪些市场？你将服务哪些客户？
- 你将如何服务这些客户？
- 你需要具备哪些能力？
- 你怎么知道这一情境是否会成为现实呢？

开发影响和选择的过程使组织能够在情境中测试每个决定。这是一个筛选的过程。我们现在能够做出的决定中，有一些在所有情境中都符合逻辑，其他的只在有限数量的情境中符合逻辑。因此，我们首先为每个情境确定全部潜在的选择，然后将这些选择综合起来，找出在所有情境中都符合逻辑且能提供助力的选择，并避开在大多数情境中会带来损害的选择。这使我们能够制订出稳健的战略，并增强信心。然而，只在一种或几种情境中才符合逻辑的选择是具有挑战性的。我们也需要对它们进行观察，并制订恰当的应对方案，为它们的出现做好准备。因此，一个弹性的动态战略，可能需要我们在保持选择开放性的同时保持对冲这一选择的可能性。把所有的鸡蛋都放在一个情境里更像是一场赌博，赌注就是决策者的公司。当一个情境的实现主要由外部力量所驱动，且组织对其实现的可能性毫无控制力时，这种做法特别冒险。同时追求多个情境，直到未来变得更加清晰再做出选择，是一种漫无目的的方法，这样做也有风险，因为它缺乏焦点。

做出战略选择之后，需要用风洞法对它们进行压力测试。我们首先在战略选择级联中测试组织的战略［对于战略选择级联，罗杰·马丁（Roger Martin）和A. G. 雷富礼（A. G. Lafley）合著的《为赢而战》（*Playing To Win*）中有很好的描述］。❶

在这一部分，也可以对现有的战略进行压力测试，然后根据测试结果进行调整。选择级联只是我们经常使用的框架之一，也可以使用其他的战略框架或公司投资组合。根据经验，选择级联非常适于我们进行压力测试。因为这个被我们称为风洞法的测试方法，能够将战略详细地描述为选择的结果——一组使组织立于不败之地的相互关联的强有力的选择。

风洞法的类比来自工程领域——就像汽车在风洞中接受测试一样，我们将战略放在极端条件下进行测试。通过这项工作，我们可以看到哪些战略选择可以蓬勃发展，哪些会举步维艰。虽然这个过程十分简单，但它需要深入思考。无论是分组讨论还是全体讨论，来自本组织的资深领导者都需要将自己置身于每个情境设定的世界中。良好的叙事和生动的视觉效果将有助于实现这一目标。一旦决策者熟悉了这个情境，我们就开始对策略的每个部分发起挑战：它是否适应当下的世界？它是否有助于组织成为赢家？这个战略有用吗？如果这个世界明天就变成现实，这一战略将如何发挥作用？这会引导我们做出大胆的决定：不允许出现"也许"或"介于两者之间"的情况。我们需要做出选择。在对所有4个情境进行了这样的分析之后，我们来收集结果。战略中所有的稳健点集合起来后，

---

❶ 参见Lafley, A. G., & Martin, R. L. (2013). *Playing to win: How strategy really works*. Boston, MA: Harvard Business Press.

将成为未来战略的一部分。其中已确定为不能执行的方面需要从战略中剔除。接下来，我们需要讨论战略中的哪些部分与选定的正式未来相匹配，然后将其保留下来；讨论战略的哪些部分需要做出改变，以创建一个稳健的战略。我们还要确定哪些战略选择依赖于某些特定的发展，这些是动态部分。一旦我们看到特定的变化会引发某个情境，就可以使用动态选项进行战略调整，对其进行深入的讨论和分析，因为它们可能会改变整个商业模式，并为公司往何处押注的决策提供支持。在讨论之后，我们要将经过风洞测试的战略与战略选择结合起来。我们需要问自己：这些选择中哪些已经到位？我们需要如何调整战略，才能纳入所需的选择？这最终将为我们提供一个不会过时的稳健战略，同时也为我们提供一张拥有战略主动权的路线图。

实例：

非洲 B2B 电信运营

在为一个非洲 B2B 电信运营商开发情境时，我们收集了他们所有的战略文件，以及他们战略中的隐性知识，并将它们输入我们的选择级联框架。在将这些情境具体化之后，我们一起在每个场景中对战略及其所有组成部分进行了挑战。最终，我们得到了一些稳健的元素，即无论发生什么，公司都应该继续做的事。我们还发现一些因素在某些情境中具有积极作用，但它们也有可能在未来成为公司成功之路上的障碍。这个过程需要高层管理人员来做出判断。最后，我们得出了一些公司必须改变的元素，因为从长远来看，它们很可能会危及公司的成功。这种压力测试帮助该公司在"假使……会如何？"的假设条件下，从不同角度对公司战略进行了思考。

用前沿科技对情境进行监测

我们经常会对突然出现的新闻感到惊讶，因为很多我们之前不敢相信的事情发生了。而常见的情况是，这些事情的根源过去就已经存在，如果我们能够仔细地查看，是可以发现的。因此，监测是情境规划中很重要的一部分。

在我们开发出了情境，并描述出了可能的战略选择后，不应就此把它们放在抽屉里；相反，我们应该积极地监测它们，以了解哪种情境最接近历史的实际进程。一个合理的战略过程不能取代高超的洞察力。为了获得洞察力，识别出能够表现关键发展和动态的指标是至关重要的。这一机制会帮助组织追踪竞争环境和周围世界的变化，并相应地调整战略。世界在变化，我们的战略也应该如此。一旦符合大多数合理情境的影响被提取出来，得到充分理解，并与通过严肃思考得出的先决因素结合起来，一个组织就可以在未来充满信心地行动，做出明智的决定。尽管如此，必然会有一些影响力，因为它们发挥作用需要依赖未来向着某个特定方向发展，所以组织可选择不对它们采取行动。它们仍然是重要的驱动因素，虽然目前还不确定，但有可能成为确定的或先决的因素。为了应对这种情况，一个监测系统需要识别和跟踪一些关键指标，这些指标能够表明是否特定情境开始出现、导致一些影响力的重要性在增加以及一些不确定因素开始成为先决因素。[1]

很多战略规划程序中都包含指标监测的内容。然而，这些监

---

[1] 参见Scearce, D., & Fulton, K. (2004). *What if? The art of scenario thinking for nonprofits*. Emeryville, CA: Global Business Network.

测范围都很狭窄，大多是关注特定的战略，因此超过了战略期限的微弱信号常常会被忽略。指标可以是现在的事件，也可以是能够预示未来重大变化的合理征兆。最优秀的情境方案和监测系统会将两种指标都纳入在内。它们既可以是在法规框架内有争议的变化，也可能是社会重大变化的微妙指征，比如志愿活动的增加。有些指标很容易观察，例如用经济数据观察经济趋势（用国内生产总值评价经济发展情况，用基尼系数❶来评价不公平性等）。这些都是定量指标，所以很容易测量。有些驱动因素的测量难度更大一些，因为它们需要定性分析，比如社会行为的变化。为了能够监测这些趋势，我们要花费一些时间和努力来识别关键指标。一旦我们将其识别出来，就可以对其进行密切跟踪，从而在一个特别的情境刚刚在现实世界中露出苗头时就能发现它。只要在选择这些指标时，十分谨慎并富于想象力，就能让它们在使战略与变化的环境相适应方面发挥必不可少的主信号作用。不过，人们需要将这些信号与周围的噪声区别开来。情境规划的优势在于它遵循着一种逻辑一致性，因此我们能够从关键指标推导出符合逻辑的影响。不幸的是，当战略规划的时间很紧张时，监测阶段有时候会被放弃。即便如此，为了让组织感知外界环境变化并保持战略对话，设立一个监测工具仍然是个好办法。在情境的帮助下，可以用结构化的方法来监测信号和指标。有些信号非常微弱，第一眼看上去不太可信，但之后可能会转化为改变游戏规则的驱动因素。对于这种信号，情境能提供进一

❶ 基尼系数是一种统计分布度量，1912年由意大利统计学家科拉多·基尼提出。它经常被用于计算财富分配情况或财富的不平等性。该系数值域为0~1，0代表完美，1代表完全不平等。由于负收入或负资产的存在，基尼系数大于1在理论上也是可能的。资料来源：《投资百科全书》（2019年）：基尼系数。

步的帮助。一旦这些主题出现，它们就会催生出对开发新情境的需求。

过去有许多例子表明，市场中事前出现过警示。比如之前提到过的柯达的案例，它们对数码摄影的优势早已心知肚明，这些研究的范围也很广，如数码摄影设备的成本、图像质量和各种设备（相机、显示器和打印机等）的互通性。可惜，柯达没有监测这些趋势，也没有根据这些指标进行决策，最终导致了公司的衰落。柯达，这个曾经非常强大的蓝筹股公司，沦落为低价股，不得不申请破产。

另一个一件事就能改变世界的经典案例是2008年全球金融危机。不同的研究都显示这场全球金融危机本来是可预测、可避免的。其中一个研究人员是哈佛大学教授杰弗里·A.弗里登（Jeffry A. Frieden），他说在大约2003年到2004年，很多全球经济学家和分析人士都为世界宏观经济不平衡的不断加剧深感担忧。美国每年从世界其他国家借贷5000亿到10000亿美元的行为尤为令人担心。大规模的货币流入推动了金融业和房地产业的信贷繁荣。金融机构利用金融衍生品工具从这种繁荣中获利。2003年，沃伦·巴菲特（Warren Buffett）就已经将金融衍生品称为"大规模杀伤性金融武器"了。最终，它们成了引发美国次贷危机的关键导火索。到2005年，尽管就具体结果和问题出现的时间仍在争论不休，但多数经济学家都认为失衡将导致严重问题。2005年到2006年，不同思想流派的经济学家都曾对房地产和金融市场的累积性风险发出过警告。当时采取预防还是来得及的。美国政府本可以通过减少赤字来减少外国借贷，同时采取措施为过热的经济减速。中央银行（美联储）也可以通过提高利率来减少贷款。此外，金融机构的监管措施本可以更加严格。然而，没有人采取行动来阻止这场对世界造成了巨大影响的危机。❶情境规划，特别是我们基于人工智能的规划方法，当时应该能帮上忙，因为这场危机的指征非常清晰。通过这种方法，利害关系人就可以看到潜在的结果，而不是像采用回归分析法那样，只能看到现状和最好、最坏两种极端情况。

另一个来自企业界的例子是诺基亚。它曾是手机行业无可争议的领导者（当时手机主要是用来打电话的，电池续航时间长得令人难以置信）。2007年11月12日，《福布斯》（Forbes）杂志的封面刊登了时任诺基亚首席执行官的康培凯手持诺基亚6系列翻盖手机的照片，他们把这张照片命名为："诺基亚，十亿个用户——谁能追上手机之王？"而就在这次事件的几个月前，2007年6月29日，苹果发布了第一款iPhone，这也是史蒂夫·乔布斯在2007年1月曾经宣布过的。10年之后，iPhone手机成为苹果公司重要的利润来源，也成为当时世界上最流行和最具辨识度的手机。2013年9月，诺基亚将它的手机业务以72亿美元的价格出售给了微软。2013年10月，苹果公布了第四季度财报，季度营收375亿美元，季度净利润75亿美元。这些利润大部分是来自它卖出的3380万部苹果手机。而对微软来说，这次收购并不算成功。2016年，微软将诺基亚手机这个巅峰时期价值约3000亿美元的品牌分两部分出售，总价仅为3.5亿美元。该品牌名称被诺基亚前员工转移到芬兰一家名为HMD的新公司，随后苹果手机制造商富士康公司收购了诺基亚功能手机相关业务，同时也决定组装新的诺基亚HMD终端设备。苹果之所以能用苹果手机取代诺基亚成为手机之王，是因为它正确地理解和感知了一些技术上

---

❶ 参见Shen, L. (2016). Warren Buffett just unloaded $195 million worth of these "weapons of mass destruction". 及Frieden, J. A. (2011). The financial crisis was foreseeable and preventable. *The New York Times*.

的新发展，而诺基亚却茫然无觉，或者未能将这些新发展整合到它
的产品中，比如基于多点触控功能的感应操作，消费者愿意为此支
付高价。随着技术和基础构造的指数级进步，手机从众多设备中的
可选项变成了必选项。❶❷

　　现在，我们已经可以利用人工智能来对情境进行监测。在过
去，需要一个专门的团队来浏览新闻、分析可能改变未来的事件，
技术进步极大地降低了这项工作所需的资源量。我们将在接下来的
章节中解释我们的方法。

❶　参见Farber, D. (2014). When iPhone met world, 7 years ago today.

❷　参见Hern, A. (2016). Nokia returns to the phone market as Microsoft sells brand.

第 4 章

情境规划的发展趋势

到目前为止，我们讨论的情境规划程序是由前四个阶段演化而来的，只稍稍涉及情境规划程序的第五个阶段。一些新发展正在使情境规划程序变得更有效率，同时质量也有所提升，其中包括创意众包、情境规划程序民主化、整体程序加速，以及讲述和展示情境的新方式等。

众包的理念和人工智能生成的洞察力

众包是一种大众参与的方法。在这种方法中，一组人数众多、相对开放，且认知水平快速进化的群体参与提供创意，来达成一个共同认可的结果。"众包"一词是由两位《连线》（*Wired*）杂志的编辑——杰夫·豪（Jeff Howe）和马克·罗宾逊（Mark Robinson），于2005年年底在一场内部讨论会上提出的。他们想要描述企业使用因特网"将工作外包给网民"的做法。2006年6月，杰夫·豪在《连线》杂志发表文章《众包的崛起》（*The rise of crowdsourcing*）。虽然"众包"这一术语是2005年创造出来的，但"众包"这一概念早在这之前就已经存在了。而历史上有很多例子表明，在互联网出现之前，"众包"的方法就已经在使用了。

- 1714年，英国政府设立了"经度奖"（Longitude Prize）。政府提供奖金，奖励那些提出最优方法，确定船只所在经度的民众。❶
- 1848年，马修·方丹·莫里（Matthew Fontaine Maury）将他的5000本著作《风与洋流图》（*Wind and Current*

---

❶ 参见Longitude Prize. (n.d.). The history.

Charts）免费发放给海员，条件是他们在返航后向美国海军气象天文台交回一份标准的航海日志。[1]

- 1884年，很多志愿者参与进行词汇分类，编撰了第一版《牛津词典》。[2]

在此之后互联网兴起，催生了很多"众包"型企业。

- iStockPhoto成立于2000年，它是一个免费的图片存储网站，公众可以上传图片，并获得佣金。[3]
- 最有名的案例可能是2001年"自由的百科全书"维基百科的发布。[4]

　　如今，有很多基于大众提供解决方法的应用案例，涉及各种行业和环境。情境规划中有两个部分非常适合众包：驱动因素识别和评估。

　　经典的众包方法可以用于识别驱动因素：志愿者可以识别关于趋势和塑造未来的驱动因素。通过众包，志愿者可以作为外部专家直接参与识别驱动因素的任务。由于能够开展工作的研究人员有限，访谈工作一直受到限制，但在技术的促进下，以技术为基础

[1] 参见Grady, J. (2015). *Matthew Fontaine Maury, Father of Oceanography: A Biography*, 1806–1873. Jefferson, NC: McFarland & Company.

[2] 参见Gilliver, P. (2012). 'Your dictionary needs you': A brief history of the OED's appeals to the public.

[3] 参见Peterson, K. (2007). Microstock photography represents a new business model.

[4] 参见Wikipedia. (n.d.). History of Wikipedia.

的大规模信息收集替代了人工访谈的方式。这种信息收集方法可以通过文本、音频或视频平台实现。基于人工智能的语言自动转录软件，人们可以处理大量以往只能打字输入的信息。这些信息之后可以被轻松地用自然语言处理软件进行分析，从而帮助对通过众包获得的信息进行检查和可视化处理。它们能够自动分析各种创意之间的联系，给了情境规划人员更多的时间去深入思考，从而可以仔细消化访谈中表达出来的想法和见解，找到模式和共同点。因此，科技为大众广泛参与开创了机遇，而在过去，这是不可能发生的。

除了使用自己获取的数据，还可以查询数以十亿计的数据点和文件，从中获得大众已经上传到网络的资源。我们有很多数据库可以使用，包括特定企业或特定交易的企业并购信息数据库、新闻数据库、专业文章和博客数据库，以及专利数据库。因此，我们可以将中国博士生的最新创意与美国常青藤教授的前沿思想结合起来。"大数据"是此处的关键词，是当下数据科学领域讨论最多的主题。将数据视为符合逻辑的、相互关联的集群，通过大数据分析，可以观察到之前从未发现的集中数据间更深层次的交互作用。目前大部分大数据研究工作主要集中在描述数据中的底层信息。通过开创性的数据科学方法，我们能够利用自然语言过程和大数据可视化方法，来赋予大型数据集以意义。基于这些方法，我们能够探索和理解一个数据集内部的复杂连接和关系。

对于驱动因素的评估，大众投票能够帮助我们获得关于驱动因素的影响和不确定性的更广泛的观点。可以用这样的方法来收集一大群人对于一个话题的看法和评价。情境设计人员可以使用在线打分系统，使得大众当中有知识的人可以参与进来。在工业设计方面，有大量的大众投标项目，比如可口可乐包装瓶的设计、达美乐比萨发起的大众投票等。电影业也会采用大众投票的方法来测试新电影，比如预告片或电影试播，亚马逊就是用这种方式测试自己的新产品。过去，我们只能问计于少量的专家，现在我们能够从大量的各类专家那里收集海量信息，从而揭示真正的不确定性。

情境规划程序民主化

过去，情境规划是精英阶层的工具。在特别的地点，比如法国的浪漫庄园或是富士山脚下的宾馆里，高层管理者与重要的意见领袖们面对面举办研讨会来开发情境。现在（以及未来），技术使得这一过程民主化。前文中提到的众包方法是情境规划程序民主化的决定性工具，它使得更多的人可以参与进来，也使更多的组织获得了情境思维。尽管任何组织都可以使用标准的情境规划方法，但传统的研究需要投入更多的时间和专用资源。规划程序实现民主化后，大型项目和预算很少的项目收集的信息和得出的分析结果不一定有什么区别。

情境规划程序加速

与战略家标准工具包中的其他方法相比，情境规划已经变成了一种快速工具。传统情境规划项目通常会持续至少5个月，甚至长达1年，而这仅仅是情境开发，并未深入进行策略研究。与所有相关主题专家进行访谈、用飞机将他们送往研讨会、寻找有效的沟通方法，都需要大量时间。通过应用基于众包和民主化的最新技术，我们可以提高速度，在4周到6周内高效运行情境项目，且质量不会降低。由于远程工作的比例增加、对旅行的需求减少，情境规划对环境的影响也减少了。

讲故事的新方式

情境是故事。故事必须具有说明性和说服力，因此需要独特的讲述能力。至今为止，人类历史上的每一个时代或每一代人都对我们共有的故事做出了贡献。我们现在交流思想和感情的方法，比以往任何时候都要多。人类有讲故事的需要，这是我们这一物种所独有的。然而，从早期的岩画到如今的油管（YouTube）视频博客、照片墙（Instagram）故事和抖音视频，我们讲故事的方式发生了巨大的变化。因此，我们需要推广库尔特·图霍夫斯基（Kurt Tucholsky）的说法，"如果你想对别人产生影响，你需要先说他们的语言"[1]，现在除了语言外，同时也要使用讲故事的方式或媒介。许多研究人员都认可讲故事对人类进化和发展具有人类学意义。无论是代代相传的口述传统、教育记录、大量印刷的小说，还是数字媒体，都表明讲述历史对于我们的生存方式至关重要。[2]许多研究表明，阅读小说可以增强读者的同理心；[3]一项针对《哈利·波特》读者的研究表明，他们"对受歧视群体的态度有所改善"。[4]

叙事形式也在140～280个字符的推特、照片墙和油管视频的推动下有了新发展。互联网的发展已经从根本上改变了我们讲故事的

---

[1] 参见Tucholsky, K (1975). *Gesammelte Werke in zehn Bänden* (p. 197). Band 3. Hamburg: Rowohlt.

[2] 参见Todd, A. (2016). Stories through the Ages. An examination of the evolution of storytelling through time.

[3] 参见Bal, P. M., Veltkamp, M. (2013). How Does Fiction Reading Influence Empathy? An Experimental Investigation on the Role of Emotional Transportation. *PLoS ONE*, 8(1).

[4] 参见Chua, K. (2014). Fiction Teaches Students Empathy, Research Shows.

方式，社交媒体通过向我们介绍各种各样的新想法和施加多元的文化影响，开辟了讲述故事的新方式，比如让用户广泛参与的实时故事，甚至面向全球受众定制故事。在过去，我们只和那些与我们很亲近的人，如家人和朋友，通过口口相传的方式分享我们的故事，而现在我们可以向全世界讲述我们的故事。有时，这甚至可以聚焦某些问题，引起全球关注。互联网也改变了我们看待隐私的方式和我们对自我的认同方式，因为它引起了某种在公共场合被陌生人认可的渴望。而未经过滤的繁杂的反馈信息也促使人们追求呈现事物的最好方式。

　　当今世界发生了显著变化，需要以新的形式来引起决策者的注意。幻灯片是传达结果的主要参考媒介，并不总是讲述故事的最佳媒介。从历史上看，散文或戏剧曾被用来说明情境。随着技术的进步，讲故事也有了新方式。这些新方式不只是在一个新世界里讲述相同的古老故事，视频等数字媒体需要融入不断变化的时代精神。数字化意味着我们的注意力持续时间大大缩短，微软的一项研究发现，数字生活方式让我们很难保持专注，它测量出人类的注意力持续时间在十多年里从12秒降到了8秒。❶脸书或照片墙等平台允许用户在互联网上向所有人公开表达自己的观点，或者选择与谁分享他们的信息。这很有趣，因为技术让每个人都能够轻松地与整个世界分享自己内心的观点。为了顺应这些变化，我们将视频作为一种新的媒体。与书面的只读叙述方式相比，通过图像和声音结合而成的内容可以被压缩。对我们来说，内容众包是实现这一步的关键工具。它使人们能够快速、廉价地制作出令人惊叹的视频，而这

---

❶ 参见Borreli, L. (2015). Human attention span shortens to 8 seconds due to digital technology: 3 ways to stay focused.

在以前需要昂贵的技术和高强度的训练。现在，有了简单易用的工具，人人都可以使用它。为了实现个性化，高管和关键利害关系人甚至可以成为视频的一部分。科技的崛起意味着，任何智能手机都可以捕捉高质量的视频，然后在其中穿插故事。易于使用的编辑软件也很容易获得，无需或只需很少的成本。今天讲故事的人，比如我们，比石器时代的洞穴艺术家有了更多的选择。与几十年前的作家和艺术家相比，我们虽然处在一个先进的环境中，但讲故事的需求一直是人性和历史的一部分。今天的社会可能与互联网和其他技术出现之前截然不同，它改变的是讲故事的方式，而不是讲故事的原因。新技术给讲述方式带来了转变。可以肯定的是，我们在未来还是会开发故事和讲述故事；然而，我们的方式将会改变，这样才能适应时代精神。一些最好的故事，可能看起来和过去没有什么不同，而另一些故事则在各个方面看起来都和过去非常不同。随着整个世界的知识都越来越容易获得，情境中的故事需要小心建构，因为消息灵通的观众会怀疑任何缺乏可信性的东西。此外，技术就像磁铁一样能够吸引更广泛的受众，故事可以迅速传播。

第 5 章

为战略家准备的
超能力

　　到目前为止，通过阅读本书，您已经收获了一套优秀的战略工具，可以用它来做出有效的战略决策。然而，对于不仅仅作为一个优秀的战略家，而是成为一个能够将长期行动和短期行动有效结合的超级战略家，您有什么看法呢？所谓超级战略家，是一个对自己所做的所有战略决定都充满信心的战略家，一个敢说自己的每一个选择都是结合了所有可用的事实、观点和视角的战略家，一个有能力为所有利害关系人提供一个面向长期发展的情境、同时又能把控短期KPI考核数据的战略家，一个每天都能让团队齐心协力去追求战略目标、同时始终能够看到大局的战略家，一个对于内部管理圈和公司内部（如团队、工会等）和外部（如选定的供应商和目标客户）生态系统都具备远见卓识并能做出具体战略选择的战略领导者。总之，是一个拥有超能力的战略家。

　　让我们稍作停顿，把这句话消化一下。我们真的需要有超能力的战略决策者吗？拥有超能力的英雄通常会与反派作战，或者帮助解决其他人无法解决的问题。然而，如果这些障碍没有了，对于英雄来说将是非常悲惨的，因为这将动摇他们存在的理由。因此，如果战略世界是和谐且理想的，我们将不需要英雄，本书到这里也就可以结束了。但不幸的是，我们离理想的战略世界还很遥远。

　　很多学术研究都显示出，人们对战略家的成功率存在着很大的争议。而对成功的信任是与专家互动时的主要精神支柱之一。想象一下在没有信任的情况下你和医生的对话。❶如果你对他成功实施

---

❶ 参见Kiechel, W. (1982). Corporate strategists under fire. Fortune, December, 106(13), 34–39; Kiechel, W. (1984). Sniping at strategic planning. *Planning Review*, May, 8–11; Gray, D. H. (1986). Uses and misuses of strategic planning. *Harvard Business Review*, 64(1), 89–97; Nutt, P. C. (1987). Identifying and appraising how managers install strategy. *Strategic Management Journal*, 8(1), 1–14；（接下页）

一项涉及心脏、大脑或者其他重要器官的重大手术没有信心，你难道不会立刻离开他的办公室吗？信息不对称正是医生的优势。因为你通常不能事先评估他的能力，所以你信任他。我们经常会发现，我们和专家之间存在着如此巨大的知识鸿沟。差距越大，你就越需要信任，因为你根本无法检验他的能力。在企业和公共领域，我们信任我们的决策者，他们也信赖自己的战略顾问。如果我们发现任何可能让我们对战略顾问失去信任的原因，这个领域的核心就有了危险。现在我们来看一看，统计数字能告诉我们些什么？

　　有相当多的文献涉及这个核心问题：有战略建议的组织和没有战略建议的组织，到底哪一种的情况会更好？从本质上来说，对战略顾问信任或不信任有充分的理由吗？结果十分混乱，一些人声称战略的失败率高达90%，而其他人则认为这个数字在5%左右。[1]尽管最近并没有可以得出一个全面结论的创新性研究，但公平地说，在涉及是否信任战略顾问的问题时，对这个问题进行辩论本身就已经对战略咨询行业造成了伤害。当整个组织的未来岌岌可危时，你会把时间和金钱花在那些成功率存疑的咨询顾问和他们的框架上吗？在思考这个问题时，你是否也会将聘请顾问对股东产生的高额财务影响和对员工的生存基础带来的风险考虑在内？可能并没有——这正是我们目前在市场上观察到的情况。

（接上页注）

Kaplan, R. S. and Norton, D. P. (2001). The Strategy-Focused Organization–How Balanced Scorecard Companies Thrive in the New Business Environment. Boston, MA: Harvard Business School Press; Sirkin, H. L., Keenan, P. and Jackson, A. (2005). The hard side of change management. *Harvard Business Review*, 83(10), 109–118.

[1] 参见Cândido, C. J., & Santos, S. P. (2015). Strategy implementation: What is the failure rate? *Journal of Management & Organization*, 21(2), 237–262.

战略咨询领域正处于信任危机中。人们不只是对战略顾问失去了信任，还对整个领域的研究方法、理论框架和工作方法失去了信任。许多公司管理层没有长期思考，靠着股票市场按季度公布经营业绩的驱动，他们才能让业务运转起来。结果，战略决策来得太晚或不够果断，可谁又能去责怪决策者们呢？许多人只是无法看到战略的价值，他们关注的焦点是下一个战术行动，即扑面而来的趋势或当前的技术热点。谁也不能责怪他们，因为他们个人的KPI考核周期本就不是长期的。换句话说，我们发现战术对战略形成了压制。

有人会辩称，战略咨询的总体市场在过去10年一直在增长，但这些增长数据经不起仔细分析。第一，战略咨询市场的增长与全球经济繁荣的总体水平高度相关。用一个简单的公式来表示：当整体经济状况良好时，战略咨询业务也会向好。接下来需要回答的问题是，如果信任水平更高，增长率是否会更高。第二，战略通常不再单独出现，而是与运营实施紧密相关。换句话说，很少有纯粹的战略项目了。第三，真正的增长故事并非发生在战略咨询领域，而是发生在技术、数字和分析咨询领域。针对这些发展，战略咨询领域推出了复合型产品包，如"数字战略"或"战略分析"的新服务，帮助客户理解数据，并为数字风暴和分析风暴做好准备。在过去的项目中，毫无疑问是由战略团队首先与客户沟通，并为其他团队确定实施战略的领域。而如今有人说，如果分析和数字部门请你参与咨询项目，作为一名战略顾问，你就已经很幸运了。我们不会在这里描绘如此悲观的图景，因为从本质和定义上讲，战略仍然是长期思考者的落脚点。

总体而言，市场增长数据证明，只要战略咨询继续自我重塑，它仍将在咨询市场中占据相当大的份额。然而，日常实践也清楚地表明，对纯粹的传统战略方法的怀疑正在增加。从前那种耗资巨大、为期2个月到3个月的纯概念性战略咨询项目越来越不多见。战略市场将伴随着下一次经济衰退而迎来关键时刻。

　　此外，还有更可怕的迹象。如今，如果你请一位企业界人士或 MBA学生说出战略的定义。他们茫然的眼神会让你惊讶不已。战略正成为一个无所不包但又可有可无的术语。同时，我们也要诚实地面对自己——在阅读了前面的章节、刷新了回忆之前，你又能把战略的定义解释得多完美呢？在第2章中，我们试图寻找战略的定义，其中一部分是面向长期的。此外，战略是关于选择做什么和不做什么。我们还了解到，战略咨询作为一种职业，由于缺乏信任而处于危机之中。因此，要想确保战略咨询行业的长期成功，我们最好能给自己也制定一个长期战略，做出正确的选择。

　　总之，战略咨询面临着一种风险——从一个至高无上的行业学科，大幅退化为战术实施方案的添头和/或缩减成一个关于趋势的技术课题的风险。我们还面临着失去利害关系人信任的风险。人们开始感到疑惑，为什么我们这些战略开发人员连自己的工作都做不好。战略管理学科作为一个整体正处于危险之中。因此，我们迫切需要一种超能力，来确保自己热爱的行业能长盛不衰。

　　在本章中，我们将向你展示如何基于人工智能为战略家开发这样一种超能力。从这个意义上说，与其说它是超人拥有的那种超能力，不如说它更像是托尼·史塔克（Tony Stark）[1]创造出来，并以钢铁侠的身份来使用的超能力。超人拥有天生的超能力，而钢铁侠在战斗时通过他拥有的人工智能J.A.R.V.I.S（Just A Rather Very Intelliqent System，意思是：只是一个非常智能的系统）来拓展他的能力，所以他可以做出信息更完备的决定，并最终击败他的敌人。

---

[1]　托尼·史塔克是美国漫威漫画旗下的超级英雄，是初代钢铁侠。——译者注

有一件很重要的事要提前说明：这种超能力是那些注重长期发展的领导者所特有的。背后的原因是，只有目光长远的领导者才知道如何明智地使用这种超能力。我们将在下一节中对此进行解释。当然，要了解这种超能力，我们首先要了解战略家们最重要的"敌人"。因为只有了解了敌人，才能消灭它们。另外，我们想从过去的成功故事中学到更多经验，避免常见的错误，让战略家做出更好的决策。最后，我们会展示和讨论我们基于人工智能技术对情境思维所做的拓展。一套久经考验的管理工具与一种人类历史上最前沿的科技进步的相遇，使得这一拓展具有深远的影响力。我们有理由相信，对于战略家来说，它确实可以被称为一种超能力。

战略成败的秘密

作为决策者，为了得到最佳结果，我们常常不得不在两个选项间纠结：是补足我们的短板，还是强化我们的长项。

在第一种选项中，我们首先要识别自己的短板。在确定哪些领域存在不足之后，才可能去制定相应的对策。例如，缺乏一个战略家来帮助实现短期目标。战略家通常只接受过如何达到战略目标的培训，并为此开发了大量框架，而他们可能不太善于处理生产线上的故障或解决网络系统问题。例如1637年郁金香泡沫的破裂。在所谓的"郁金香狂热"期间，郁金香球茎的价格在很短一段时间内超过了其真实价值。这是日内交易员们的地盘。日内交易员以天为单位来应对投资或不投资的信号。一个优秀的战略顾问会为了达到一个特定的财务目标而引入日内交易员，但不会让自己成为日内交易员。如果你的战略目标是财务稳定，那么正确的战略选择应该是投资于不同的市场领域（如郁金香和一台用于工业生产的新机器），而不是只投资于某一个市场领域。具体何时投资或撤资，是由专门的市场专家（如花卉日内交易员）决定的。在极度活跃的短期市场，战略家不会是一个很好的航向修正者。然而，在最初选择合适的经营领域时，他能提供很好的建议。最重要的是，一旦你知道了自己的不足之处，无论如何你都不应该经不住诱惑，而进入这些领域。作为战略家，你根本不应做短期规划，因此，你也不应提供短期建议。

在一个人类的目光越来越短浅、反应越来越被动的世界里，这种专注于长期挑战的工作特性，可能会被视为我们技能组合中的一个薄弱点。然而，如果我们在应对短期问题方面做得不好，但市场对短期问题管理咨询的需求很大，那么有人可能会说，我们可能需要修正和改进这一点。一个典型的对策是调整和应用战略框架来进行短期决策。然而，根据经验，我们不建议那样做。一个不再想做战略家的战略家，做任何其他事情可能都需要从零开始。我们生命的长度并不够让我们经历两条完整的职业道路。短期策略可能也会成功，但需要很多资源。那么，让我们面对现实吧：短期问题管理咨询不是我们的业务。不要屈服于诱惑，仅仅因为近来人们对短期咨询的需求很高，就假装我们提供短期咨询业务的能力很强。我们建议按照下面这个更加优雅的方式去做：如果我们作为战略家，能够从一开始就提出明智的长期决策，帮助企业避免频繁更改经营战略，我们就可以把论点的逻辑颠倒过来。这样我们传递出的信息就会变成：我们无法帮助你们解决面临的所有短期挑战，但我们可以帮助你们更少地遇到这些挑战。

第二个选择源自应该强化长项的信念。这一信念背后的主要推理过程是，只有不断提升我们本就擅长的事，才能在某一方面变得"超能"。20世纪80年代，通用电气的首席执行官（CEO）杰克·韦尔奇（Jack Welch）通过"末位淘汰"政策，在整个公司中将这种思想推向了极致。他会解雇表现最差的团队中所有的管理者，提拔表现最好的管理团队；清楚地聚焦于"长项"，摆脱"短板"。这种方法在增加资本净值方面的成功是巨大的，但这种做法存在道德两难的情况也很明显（此外，我们最近看到了以"金融工程学"名义对极端股东倾向的副作用开展的讨论，但这是另一个问题）。虽然如此，但提升长项的方法不需要耗费太多资源，因此对我们更为有利。

总之，当我们找到成功的源泉，并充分利用它时，我们就有很大的机会来重振战略思维。因此，我们要建立超能力来扩展战略家们的原有实力。为了实现这一目标，我们必须首先识别出战略家具有哪些优势。

战略家的固有优势

为了更好地揭示战略家的固有优势，我们再一次把目光投向最强大的框架之一——情境思维。在第2章中，我们很清楚地说明了情境是战略家工具组合中必不可少的部分。实用的战略框架有很多，比如通常被称为SWOT分析的优势、劣势、机会和威胁分析法，波特的五力模型，或波士顿矩阵等，但情境思维作为一种战略框架，有特别的迷人之处。事实上，本书的作者将职业生涯中很大一部分都奉献给了这个工具包。它作为一种常见的工具包已经存在了几十年，但仍然具有强大的生命力。可以说，为了掌握这套工具，我们投入了大量的时间和精力。基于对这一方法论的信任和成功应用情境思维的经验，我们在全球范围内为众多客户提供了支持，让他们实现了自己的战略目标。最终，我们得出结论，情境思维不只是众多优秀战略框架中的一个，而且是一种极具启发作用的思维方式。它不仅包含了一套行之有效的工具、一组结构化的流程和数以百计的成功案例，还是专业灵感的源泉。情境思维之后可以给人以灵感，是因为它着眼于大目标。这些目标值得你为之奋斗，它们能够将利害关系人团结在一起，在必要的时候甚至能让他们随你赴汤蹈火。伟大的目标一旦实现，将对现状产生巨大的影响。

在第4章中，我们得出结论，成功的战略家会使用情境思维风洞来筛选战略选择。虽然效果良好，但我们几乎忽略了这样做的原始动机。这种动机是为了实现大目标。换句话说，情境思维正在让重要的、鼓舞人心的目标成为现实。

现在，为了打造我们的超能力，我们必须确定这种强项的源头，以便更加精进。我们必须弄清楚战略与战术的真正区别、实现大目标和实现小目标之间的区别。这一区别，十分显眼，令人吃惊，但又同样不可思议——它就是时间。

我们可以把时间看作战略优势来源中最为基础的成分。只有当公司付出足够的时间去追寻，所有的大目标才可能实现。或者反过来说：你想实现的目标越大、目的越多，你需要的时间也就越多。其中的逻辑有多简单，结果对我们这些战略家的影响就有多大。

拿破仑·波拿巴早就提出过这样的理论："战略是利用时间和空间的艺术……"当他说出"失地可以收复，时光不可再得"时，[1]已经表明他最在意的还是时间。时间是与"长期"思维共生的。这是一个合乎逻辑的推论。弗拉基米尔·昆特（Vladimir Kvint）是一位声名卓著的经济学家和战略家，他将这一概念转化成了一个现代的战略"数学"公式，他写道："战略是时间、成本和战略思想的乘积"。[2]

---

[1] 参见Colegrove, M. B. (2005). *Distant Voices: Listening to the Leadership Lessons of the Past* (p. 31). Lincoln, NB: iUniverse.

[2] 参见Kvint, V. (2016), *Strategy for the global market: Theory and practical applications* (p. 264). Routledge.

我们会说，为建造一座由许多砖块或石头（已经实现的小目标）组成的宫殿／房屋（战略目标）（见图5-1），时间是你需要拥有和使用的首要资源。因此，一个非战略性的短期房屋会规模较小，甚至很脆弱，因为在相对较短的时间内，它只能拥有较少的砖块（已经实现的小目标）。因此，对于决策者或顾问来说，实现远大的、稳健的、甚至是鼓舞人心的目标，时间是必要条件。在一个节奏越来越快的世界里，在获悉如何获得更多这种最为珍贵的宝藏之前，我们先观察一些真正的时间管理大师，来进一步验证我们的假设。与非战略性目标相比，实现战略目标需要更多时间和相对较多的建筑材料，见图5-1。

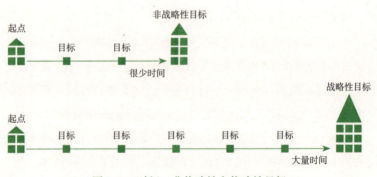

图 5-1   时间、非战略性和战略性目标

乔布斯、杰夫·贝佐斯（Jeff Bezos）或埃隆·马斯克（Elon Musk）等战略家，以他们鼓舞人心的创意和产品闻名于世。然而，他们的成功故事中的另一个关键因素——时间的作用往往被低估。我们以埃隆·马斯克的一段话为例，品读时间的影响：

实现这一目标的关键是一款毫不妥协的电动汽车，这就是为什么特斯拉跑车的设计目标是在面对面的较量中击败保时捷或法拉利等汽油跑车。除此之外，它的能源效率达到了丰田普锐斯的两倍。即便如此，一些人可能还是会质疑这是否真的对世界有好处。我们真的需要一款新的高性能跑车吗？它真的会对全球碳排放产生影响吗？对这两个问题，答案是不需要和影响不大。然而，这些提问者没有抓住重点，因为他们没有理解上面提到的秘密计划。几乎任何新技术在优化之前都有很高的单位成本，电动汽车也是如此。特斯拉的战略是进入高端市场，因为高端客户乐于支付额外费用，然后我们会以最快的速度进入底层市场，后续每一款车型的销量都将更高，价格也将更低。[1]

我们仔细看看上面介绍的这段文字，马斯克的战略目标是成为一家生产高效节能汽车的领导企业。但是，马斯克并没有直接将生产这样一款汽车作为战略目标，在这之前他有另外一个战略目标：高溢价跑车。这样一来，马斯克通过高售价就可以平衡高投入。正如马斯克所描述的那样，这一秘密计划是在实现最终激动人心的目标之前，从利害关系人手中争取尽可能多的时间来达成两个小目标。砖块儿越多，房子就能修得越大，也就需要更多的时间。他需要大量时间来实现他的目标——因为他需要采取违反直觉的措施，比如先制造一款专属跑车，然后在很长时间后才能生产出量产汽车。

还有很多关于优秀战略领导者的例子，他们都有一个共同点，那就是秘密地争取大量时间。时间就是金钱，但时间也是打造一

---

[1] 参见Musk, E. (2006). The Secret Tesla Motors master plan (just between you and me).

门可持续、高利润生意的必要条件。用早期阶段投资（风投）集团Investible的联合创始人克里尔·普莱斯（Creel Price）的话说，就是：

我们往往高估我们在一年内能完成的事情，却严重低估了我们在五年内能完成的事情。

为了让理念更加具体、生动，现实案例很有帮助。此外，我们还可以用一个思想实验进一步加深理解。只要下面这个简单的思想实验成立，就可以将时间认定为战略和战术之间最重要的区别之一。

想象一下，有两家如孪生兄弟般的公司A和B。它们在知识产权、资产负债表、领导力、人才等方面完全相同。唯一的区别是A公司比B公司有更多的时间来达成一个特定的目标。可能会出现这种情况：两家公司都是初创公司，但A公司的成立时间比B公司早。此外，特定目标可能是两家公司都希望在共同的截止日期前，获得天使投资人的种子资金。

天使投资人清晰地描述了预期中的产品或服务，说明了它的未来市场。在这种情况下，A公司可能总会是赢家，因为它有更多的时间把产品或服务理念提升到更高水平。它也比B公司有更多的时间来产生更多创意、做更多研究，并找到更好的答案。到目前为止，一切顺利。但也不完全就一定会这样。

有人可能会说，时间压力也可以成为一种激励。就像我们为什么会将优秀的创意称为"钻石"一样，就是因为钻石来自对煤的高压（更准确的说法应该是碳）。在这种情况下，也许因为在高压下召开的一场关键会议上产生的一个独一无二的销售计划，B公司的表现甚至超过了A公司。

　　顺便说一下，一项典型的商业咨询工作非常符合这一原则。咨询顾问的时薪相对较高，这也是为什么顾问们总被要求在短时间内完成这么多工作。此外，考虑到可用的时间十分有限，咨询的结果往往好得出人意料。如果在咨询项目中，一位备受尊敬的合作伙伴要求你立刻找出一个合适的解决方案，你会为自己此时绽放的创造力和积极性感到惊叹。然而，如果在这些情况下，时间不一定是关键因素，那么哪些其他因素才是造成差别的关键因素呢？

　　想象一下，A公司和B公司最终都具备了启动所需的所有资金。对于想象中的双胞胎公司来说，一切都是一样的。唯一的区别仍然是可用的时间。在本案例中，时间对于实际业务运营阶段也是很重要的。因此，不同之处在于，在融资期间，我们从单纯关注公司的内部事务转变为同时考虑企业的外部环境。

　　A公司拥有一个为期5年的时间窗口，而B公司拥有两个时间窗口，第一个在两年半后结束，第二个还需要两年半。这些数字只是假设，未必符合现实世界的创业周期。这里重要的是相对价值。也就是说，B公司的时间和A公司的时间是一样的，只是B公司的时间分成了两个较短的时间段。在特定的时间窗口之后，公司就需要展示成果。利害关系人只对近期正现金流感兴趣。这里的假设是，不是每个人都能像马斯克那样，成功地让投资者保持对长期未来的高度信心。A公司和B公司，哪个公司将能够继续运营，将由两个公司的成果决定。因此，B公司的驱动力是实现短期目标，而A公司则会采用一个相对长期的视角。

　　我们进一步假设，A公司此时处于有利地位，将能够战胜公司B，因为它在展示成果之前拥有更多的时间资源。这又是怎么回事呢？因为我们认为，这里的区别在于两家公司的成功（或失败）不仅取决于它们自己，还在很大程度上取决于它们周围发生的事情。换句话说，外部的、不可控制的影响正在发挥作用。

与这一思想实验第一部分中的建设阶段不同，外部环境现在在公司能否成功的问题上作用很大。这里说的外部环境，指的是不能被公司自己直接控制的一切，如客户、零售商，或法规及政治环境。仅使用时间压力的"花招"刺激内部团队不再管用了。你的顾客对团队的时间压力毫不关心，他们关注的是你的产品和/或服务的质量和价格。

最终，最重要的内部问题在创立阶段起了作用，而在运营阶段则是外部问题占主导地位。想象一下，政府出台了一项新规定，要求产品达到某个统一标准。产品标准的统一在时间上是强制性的，即未来三年内。为满足这一标准，两家公司都需要进行一项特定的投资。在没有技术标准的情况下，A公司也能生产出一款产品。所以，它的时间很充裕。在用两年时间生产出初代产品之后，他们还有时间来应对管理规范可能提出的更高标准。他们有一年的时间通过价格便宜的非标准产品赚取收入，为生产符合长期标准的下一代产品提供条件。他们可以从第二年开始进行产品升级，并且有充沛的时间和资金在第4年完成升级。另一边，因为B公司在两年半之后就要接受评判，届时他们必须拿出一款符合新技术标准的产品。而由于他们仅有一次机会，因此如果没有一款符合未来期待的产品，他们就很难说服那些短视的利害关系人。为在有限时间内使产品达到规定规格，他们只能勉强去调整产品性能。这样的产品将符合标准，但肯定比不上A公司的第二代产品。结果就是B公司会被A公司击败。A公司有更多时间，能够实现两个阶段目标。第一，用低于规定标准的产品回笼资金。第二，投资符合标准的第二代产品。B公司不得不将使产品符合规定作为唯一的目标，而为实现短期目标，只剩下次优解决方案这一个选项。

　　这一切和时间有什么关系？在这个案例中，时间是一个巨大的竞争优势，因为A公司可以用前两年半的时间为未来的成功奠定基础，就像马斯克投资打造特斯拉跑车一样。例如，苹果公司利用这样一段时间，建立了一个围绕智能手机的生态系统。像三星这样的竞争者生产的手机，在性能上一直与苹果公司不相上下，但围绕手机的整个生态系统，却很难在短时间内建成。结果是，苹果公司减少了短期竞争，而在对生态系统进行了长期投资之后，地位得到了巩固。

　　然而，时间还能带来更多。A公司和B公司都同样依赖于外部环境，这是众所周知的。因此，不管一家公司的发展速度有多快，外部环境的发展速度都会遵循自己的节奏。这就意味着A公司有更多的时间来取得顾客信赖。这一切都是为了建立一个忠实的产品粉丝基础。如果不是多年来对生态系统的持续投资，苹果手表将和其他智能手表一样，只是一款没有多少价值的单品。但苹果手表与其他智能手表不一样，它是作为生态系统的一部分出现的，并不仅仅是一个单品。客户有时间去适应这个生态系统，并建立对公司长期定位的信任。客户知道，当他们购买苹果手表时，它将不仅与他们的苹果手机、笔记本电脑等设备及其应用程序完全兼容，而且在之后几年，还可以通过软件更新等方式得到支持。

　　总之，策略有助于定义，或至少有助于选出对你有利的竞争环境。用沃伦·巴菲特的话来说："今天之所以有人能坐在树荫下，是因为很久以前有人种了一棵树。"

　　让我们放下这个思想实验，重新回到现实世界。如果时间决定一切的观点是正确的，我们能找到证据证明长期导向的战略比短期战略更成功吗？有没有哪些公司如同实验中的A公司一样，享受过时间充裕带来的好处？有这样的成功故事吗？

我们看看下面这些数字。一个在现实世界中将时间视为非常有价值的战略资源的公司，能够多么成功？咨询公司麦肯锡问了同样的问题，结果也相当清楚。基于对2001年至2015年美国615家大中型上市公司的分析，麦肯锡公司对它们的投资、增长、盈余质量和盈余管理的模式进行了检查：

> 从2001年到2014年，长期导向公司的收入平均比其他公司的收入高47%，而且波动性更小。长期导向公司的累计收入增加额平均比同期其他公司高36%，经济效益增长比平均值高81%……我们发现，被我们定义为长期导向型的公司相对短期导向型的公司，在很多关键经济和财务指标方面表现得更好。[1]

还有，卡罗琳·弗拉姆（Caroline Flammer）和普拉蒂玛·班萨尔（Pratima Bansal）研究了长期导向薪酬体系是否对股票价格有正向影响。结果很清楚：确实如此。"我们有明确的因果证据表明，对高管实施长期激励（以高管长期薪酬的形式），可以提升企业业绩。"[2]很重要的一点是，这一认知并不新鲜。举个例子，弗朗索瓦·布罗谢（Francois Brochet）、乔治·塞拉菲姆（George Serafim）和玛丽亚·卢米奥蒂（Maria Loumioti）在2008年金融危

---

[1] 参见Barton, D. Manyika, J., Koller, T., Palter, R., Godsall, J., & Zoffer, J. (2017). Where companies with a long-term view outperform their peers.

[2] 参见Flammer, C., & Bansal, P. (2017). Does a long-term orientation create value? Evidence from a regression discontinuity. *Strategic Management Journal*, 38(9), 1827–1847.

机后不久，完成了一项相当令人激动的研究。他们分析了管理层与投资者的对话，并将倾向于讨论短期观点的管理层所在公司的股价和倾向于讨论长期观点的管理层所在公司的股价表现进行了比较。例如，如果管理层在说服投资者时强调"数年"而不是"数周"，那就是长期导向的。你肯定能够猜到答案。此外，他们还展示了一种令人振奋的现象。用什么样的语言来吸引相应的投资者，这全都掌握在管理层手中。你的财务故事越是建立在长期论点之上，你周围的长期投资者就越多。❶

总的来说，关于长期导向的战略，思想实验和经验证据充分说明，时间是取得成功的关键因素。一般来说，好事多磨。有些人会认为时间是取得成功最关键的因素。

时间不仅影响巨大，而且非常珍贵。因此毫不意外，这一宝贵资源需要由公司中最有能力和最值得信任的员工来掌控，他们是首席执行官们、战略决策者和公司的领导者。如何利用未来的时间，要由他们来决定。

那么，为什么我们在做战略咨询的过程中，会发现短期导向的战略方法多于长期导向的战略方法呢？为什么像马斯克、乔布斯这样的人如此罕见，以至成了拥有各自粉丝群的流行明星呢？为什么战略家们很少把时间期限设置得更长远呢？

战略顾问、股东和媒体——所有人都倾向于忽视时间带来的好处，他们常常压缩、挤占，甚至剔除战略和项目计划中的时间。时间似乎随时都可以被缩短，不知怎么，我们对待时间就像是对待敌人一样。上级几乎总是选择用时更少的战略计划来节省成

---

❶ 参见Brochet, F., Loumioti, M., & Serafeim, G. (2012). *Short-termism, investor clientele, and firm risk*. Boston, MA: Harvard Business School.

本。时间就是金钱。有人可能会说，时间是我们现在无法拥有的奢侈品。❶

　　在看过了以上研究和我们的思想实验之后，我们认为时间显然不是我们的敌人。恰恰相反，时间是我们这些战略家的力量源泉。时间使我们成为战略家。时间应该被保护和珍惜。杰弗里·索南菲尔德（Jeffrey Sonnenfield）在2015年的一篇文章中提出了一个非常好的问题：高级管理者在一家公司待多久最合适？最后，他的结论是高管的留任时间必须符合公司文化，无法用简单的公式来计算。尽管如此，那些可以被归类为"我们会一直在这里"的首席执行官们，表现出了非同一般的股东回报。

　　到目前为止，我们已经对我们真正的长项进行了调查。显然，我们的超能力应该建立在这种长项的基础之上。这种超能力必须能够扩展长项，或者至少能够保护它。但是在我们分析超能力之前，我们需要再等一等，问问自己是否忽视了一个重要的因素。是的，我们是在和谁战斗呢？我们还没找到我们的敌人。

我们真正的敌人

　　在我们获得一种超能力之前，我们必须先弄明白，为什么如今这么多战略决策都是错误的。只有找到真正的原因（即敌人），才能制定出正确的对策。在你继续阅读之前，我们想给你一些提醒。虽然这一节不仅会让你更好地理解战略，也会为你在看待将（商业）世界维系在一起的力量时，提供一个新的视角，不过内容可能

---

❶ 参见Sonnenfeld, J. (2015). CEO exit schedules: A season to stay, a season to go.

会相当抽象。但是，我们强烈建议你继续跟随我们，完成这次阅读之旅。根据我们的经验和研究，战略家的两个最主要的敌人，是"复杂性"和"适应性"❶。

敌人 1 号：复杂性

普鲁士将军和军事理论家克劳塞维茨写过一本影响力很大的著作《战争论》（*On War*），书中已经明确了我们的第一个敌人：

战争中的一切都很简单，但最简单的事情却很难。这些困难会累积起来并产生一种摩擦，没有经历过战争的人无法确切地想象……那种人类永远无法真正预见的小事件，结合在一起，降低了总体的表现水平。所以人们总是达不到预期的目标……军事机器……基本上非常简单，易于管理。但是我们应该始终牢记，它的每一个组成部分都不是一个整体：每个组成部分都是由个体组成的，每个个体都保留着潜在的与其他个体发生摩擦的可能……一支部队是由人组成的，其中最不重要的人，也有可能会误事，有时甚至会使事情出现大问题……❷

如果我们理解了克劳塞维茨在写"摩擦"时想要表现的东西，就会立刻发现战略家的两个敌人，并有希望能够对它们进行防范。

你可以与自己或身边的人做一个小实验。实验很简单，只需要直接问这样一个问题："繁杂"和"复杂"之间有什么区别？有没

---

❶ 参见Becker, F. (2014). *Simulation in der Marketingforschung auf Basis der NKMethodik: Eine Evaluation und Illustration von Anwendungspotenzialen.* WiGIM.

❷ 参见Von Clausewitz, C. (1976). *On war* (p. 119). Princeton University Press.

有区别？哪一个词会引发更多"摩擦"？根据我们的经验，你可能会得到类似的答案："它们差不多一样""我把它们当同义词用"。无论如何，在日常生活中，我们都倾向于绕开任何被认为是"繁杂"或"复杂"的事，因为感觉上它们都需要付出很多努力才能理解或完成。一般来说，因为进化的原因，如果有替代方案，我们倾向于避免高耗能的活动。[1]如果某个科技装备、软件界面，或者游戏规则被贴上"繁杂"或"复杂"的标签，就能成功地让人们避而远之。总之，虽然关于"繁杂"和"复杂"两个词的含义的问题很难回答，但如何恰当地应用这两个词的问题应该引起重视。

在我们看来，"繁杂"和"复杂"两个词之间的区别是巨大的，就像一粒砂和宇宙之间的区别，或者就像知道纸牌游戏的所有规则和知道谁最终会赢得游戏之间的区别。此外，与本书的读者们最为相关的是，这一区别解释了为什么现在的战略比过去更容易失败。或者换句话说：它是战略家的两个主要终极敌人中的第一个。它是横亘在我们和战略目标之间的高墙。

在深入理论世界之前，我们先休息一下，看看实验性证据。根据已有的文献，为什么策略会失败呢？当然，这不是一个新奇的话题，并且有大量的研究成果。下面是一些精选出来的成果：曼弗雷德·佩利茨（Manfred Perlitz）的结论是，战略往往不够新颖，标准的方法根本不适合新的挑战。[2]罗杰·威里（Roger Wery）和马克·韦

---

[1] 参见Cheval, B., Tipura, E., Burra, N., Frossard, J., Chanal, J., Orsholits, D.,… Boisgontier, M. P. (2018). Avoiding sedentary behaviors requires more cortical resources than avoiding physical activity: An EEG study. *Neuropsychologia*, 119, 68–80.

[2] 参见Perlitz, M. (1993). Why most strategies fail to-day: The need for strategyinnovations. *European Management Journal*.

科（Marc Waco）提出的问题是，为什么即使是好的战略也会失败，战略咨询公司到底哪里出错了——他们没有能力形成好的战略了吗？那也未必。根据他们的研究，是糟糕的执行力阻碍了优秀战略发挥出全部潜力。[1]与之不同，芬克尔斯坦（Finkelstein）调查了决策者本人是否可能是失败的原因。[2]他指出，许多管理者没有充分思考外部环境，陷入了"以自我为中心"的陷阱。最后，弗里克·韦穆伦（Freek Vermeulen）非常清楚地说明了这样一个事实，一个战略只有包含了可执行的深刻见解才能成功。[3]此外，他还指出，执行本身不仅应该是自上而下的，而必须是发自内心的——它必须得到每个员工的支持，并让员工付诸行动。关于这个话题，感兴趣的读者可能会发现许多其他的研究和观点，它们都值得读一读。

我们建议你看得再深入一点。就像我们之前所做的思想实验一样，这些实验发现之间有什么共同点吗？此处浮现了一个重要问题：我们是否能找到一种方法，来识别出抽离了具体情况、普遍适用的内在规则？这将十分有助于我们定义超能力，因为这样一来，我们不会被个案"分散"了注意力。我们要找到基础理论。如图5-2所示，复杂性可以被看作战略家和战略目标之间的一堵墙。

总体来说，生活中"繁杂"的事务，是耗时且让人不悦的，但是最终都能被解决。这与我们刚刚讨论过的诸多研究类似。如果一个战略缺乏可执行性，那就让它更具执行力。如果管理者没有将

---

[1] 参见Wery, R., & Waco, M. (2004). Why good strategies fail. In *Handbook of business strategy*.

[2] 参见Finkelstein, S. (2005). When bad things happen to good companies: Strategy failure and flawed executives. *Journal of Business Strategy*.

[3] 参见Vermeulen, F. (2017). Many strategies fail because they're not actually strategies. *Harvard Business Review*.

图 5-2　复杂性之墙

竞争对手或外部环境中的其他元素考虑在内，那么改正一下就可以了。当然，这些事并不容易，但是毕竟还是可以解决的。所谓可以解决，我们的意思是如果给出合理的时间，你就完全有能力将它们处理好。而"复杂"的事项，常常是那些你根本打不倒的敌人——即使你用尽全力也不行。"繁杂性"是需要去解决的，而"复杂性"则不需要解决。

我们澄清一下什么是"复杂性"，以及它与"繁杂性"的区别。最重要的是，这些区别将如何帮助我们成为更好的战略家。在这个过程中，我们将正式地定义这两个术语，然后在一个基于心理模型的例子中，对它们进行描述。

为了对它们进行正式定义，我们首先要介绍"系统"这个术语。一个系统是由要素组成的，每个要素都显示出一个特定的"状态"。一个系统包含的元素和状态越多，它就会变得越"复杂"。一个要素的状态与其他要素的状态之间的依赖性越大，系统就变得越"复杂"。[1]

为了更易于理解，我们引入一个心理模型。对于突出某一现象的某些方面，心理模型效果很好，且同时可以避免噪声或不重要因素的干扰。另一种方法是使用来自特定行业的真实案例，来对特性

[1] 参见von Bertalanffy, L. (1968). *General system theory: Foundations, development, applications*. New York, NY: George Braziller.

进行描述。我们的经验表明，研究结果在行业间很难转移，因为几乎所有行业领袖都非常顽固。因此，我们使用心理模型，在抽象层次上突出繁杂性和复杂性之间的区别，并开发出一种如何将其转移到行业特定环境中的直觉。

这个模型源自丛林穿越的创意。作为一个典型的心理模型，这里的丛林只是一个比喻。将在丛林中的位置视为组织的当前状态，将到家的时刻视为达到战略目标的状态。现在开始我们的旅程吧。

丛林中是炎热而潮湿的，同时在浓绿的色彩和各种声响背后，潜伏着危险。欢迎来到丛林。对任务的简单描述就是将"走出丛林"作为你的战略目标。你将面临几个障碍。可怕程度最轻的是高温，其次是繁杂性，而最危险的是复杂性。想象你是一个迷失在丛林中的人，就像一个战略家必须规划出一个可行的战略，来引导公司朝着正确的方向行进，并实现他们的目标一样。

此外，当我们描述某个挑战或障碍时，无论它是否可以得到合理的解决，都要仔细观察自己。试着找出你在阅读时突然感到"哦，现在情况不妙了"的时刻，以及这一心理模型让你感觉太过"混乱"，而你想要放弃继续下去的时刻。当你经历了这种特殊的感觉，在我们的心理模型中，你就已经穿过了繁杂和复杂之间的界限。因此，当你正在为公司制定战略时，遇到让你夜不能寐的压倒性挑战时，你就在面对战略家最大的敌人之一。

首先，为了找到回家的路，你先要能理解地图。这张地图的比例尺是1∶15000（地图上的1厘米代表现实生活中的150米）。沿着河流可能有一条长度为45千米的正确路线（路线A），另一种选择是直接穿过丛林（路线B），长度只有35千米。路线C和路线D都是60千米，需要绕着丛林走。选择路线B必须得穿防护服。路线A、C、D都有充足的淡水。凭借这些信息做出决定太容易了，所以我们来增加一点难度。

　　路线A的树木密度较小，且能将你直接引向下一个大型村庄。你必须穿过河流一次，并且要小心野生动物。有25种不同的野生动物，其中10种是危险的。对于路线B，你将不得不面对大约60种不同的野生动物，其中20种是危险的。路线B有三种不同的选择：一是翻越一座小山（能节省60分钟时间，但道路堵塞的概率为50%）；二是穿过平原（节约30分钟时间）；三是需要你用砍刀清理路上的植物（无时间节省）。这些是你走出丛林核心的可选路线。到目前为止，这些可能性加起来，已经具有了一定程度的繁杂性。

　　你会怎么解决找到回家之路的任务？考虑到你正在读这本书，所以你肯定不会是那种选择放弃，并在丛林中度过余生的人。你可能会拿出一张纸、一支笔和一个计算器（假设你在丛林中随身带着一个计算器）来算一算。最低限度，你会花些时间来思考你的选择。

　　因此，你可能会在阴凉处找一个合适的地点，来制定你的战略。你的战略可能是尽快回家，当然也有其他可能，比如尽可能地轻松一些。接下来，你需要的就是纯粹的努力和冷静的头脑。此外，由于你没有超级计算机，你将计算所有的可能性，并大量利用试探法和拇指规则。一段时间后，你确定了可行的回家路线，准备好出发了。

　　总而言之，有如此多选择的回家路线是繁杂的，但你有能力去完成这个任务。这里，繁杂意味着你需要花相当多的时间来研究不同的选择，包括理解地图上的符号、计算距离，等等。换句话说，繁杂意味着困难（因为它需要一些努力），但可以解决。就像数学公式中的可解一样，一旦你获得了所有的变量、关系和足够的信息，你就可以解出公式，得到清晰的结果。

我们能感觉到有些东西被遗漏了——不是每个人都能从丛林中走出来，而且即使他们都走出来了，也往往不是遵循一个连贯的计划，而是经历了很多值得围着篝火讲述的惊险情节。因为如果走出丛林如此容易，战略就不会常常失败。不过，如果丛林——或者将其延伸为整个世界，"仅仅"像目前描述的那样"繁杂"，一定会有一个数学公式来解决这个问题。记住，繁杂的任务是可以完成的，战略问题也会有明确的答案。显然无论是在丛林中，还是在商业环境中，实际情况都并非如此。因此，我们可能不得不添加一些新的障碍，使这个心理模型更加真实。

2002年，美国前国防部长唐纳德·拉姆斯菲尔德（Donald Rumsfeld）曾这样说：

> ……有些事别人知道我们知道；有些事我们自己知道我们知道；我们也知道有些事别人知道我们不知道；也就是说，我们知道有些事是我们不知道的。但是还有些不知道的不知道——那些我们不知道自己不知道的东西。❶

因此，所有的"不知道"也应该是心理模型中的一个变量。当然，我们不知道的"不知道"尤其棘手。我们能为我们无法描述的东西建立模型吗？是的，我们能！我们可以在模型的随机点上添加随机事件。我们可以在模型中增加暴风雨或突发事件，甚至遇到未知的物种。这增加了挑战，但是通过增加等待时间和掩体，仍然可以计算出哪条路线是最好的。此外，地图也有可能是错的。有时

---

❶ 参见Rumsfeld, D. (2002). DoD News Briefing-Secretary Rumsfeld and Gen. Myers.

候，我们会得到错误的信息。由于信息不完全甚至是错误的，我们很容易错过下一个村庄。有人可能会说，聪明的决策者只会买经过验证的地图。回到商业环境中，你也不会再次聘用一家向你提供过虚假信息的战略咨询公司。你会尽你所能确保战略规划基础信息的质量。最后，不要忘记，商业领域并不是一个友好的环境。竞争对手（内部和外部）可能会散布错误信息，诱使你离开正确的道路。不过，到目前为止，所有的挑战尚且都是可以承受的。

最后，我们添加一些"复杂性"的"神秘成分"，看看情况会如何。打个比方，这样一来，前文中那样描述出来的路线数量，将和本书的句子数量一样多。

此时，我们回到树荫之下，看着地图，再次观察不同的路线选择。与之前相反，我们意识到在地图背面还印着更多的信息。地图上说：

路线 A：注意这条河中有一些陷阱。你将发现危险的动物，如老虎、鳄鱼和河马。最危险的动物只在河岸上有足够的猎物时才会出来。捕食者的数量取决于水位。水位越低，就会有越多的鳄鱼在浅水中寻找生存空间。水位则取决于过去 14 天的天气状况。雨下得越多，河水的水位就越高。

还要记得，危险的老虎、鳄鱼和河马的数量取决于水流的温度。河水越暖和，它们就越有可能在河边的阴凉处寻找庇护所。过河只能通过一座桥。这座桥是否开放取决于河水的水位。原住民可能会猎杀鳄鱼或河马。他们通常会在太阳连续照耀三天之后才去打猎，但前提是河里没有太多水。

你可以在地图的背面找到关于B、C、D路线的类似注释。

你可以立刻说出或者至少"感觉"到它们的不同。繁杂的挑战只是线性地增加或减少不同路线的通过时间和/或潜在的总成本，而复杂性挑战已经完全不在同一层面上了。为了解决这个任务，你必须考虑大量的变量。每增加一条信息，需要计算的选项数量会以指数级增加。

这里有一个神奇的词是"取决于"。如果你再次阅读地图背面的信息，就会注意到，与地图本身的信息相比，"取决于"这个词出现的频率相当高。这意味着你不能线性地浏览信息，而必须回头去查看信息之前所提示的状态。任务不再是线性的。例如，信息提示桥的状态取决于天气情况，并且天气还会影响猎物的数量，而猎物的数量反过来又会影响危险动物的数量，等等，这些情况进一步增加了复杂性。

回到我们的正式定义，"丛林"（系统）由河流、猎物和捕食者等（要素）组成。每条路线都有不同的状态（例如英里数是一种状态、桥是开放或关闭是一种状态）。一个系统中的要素和状态越多，就会变得越复杂。不同要素间的不同状态越依赖于彼此（例如，当河流中水位合适时，桥才会打开），系统就会越复杂。

总而言之，因为存在不同的路线和细节，地图本身已经十分繁杂，而地图背面的信息又增加了复杂性。在阴凉处好好想一想或者用上一张Excel表格，面对繁杂的计算，大家都不会有问题。但是，当这些路线上各种情况的信息相互依赖时，问题就会变得复杂。这时候，你可能会根据直觉做出决定，而不是根据一个复杂的、有不同程度依赖性的（"取决于"某些要素）公式。换句话说，每当你听到"取决于"这个词时，你就应该警觉起来。

不幸的是，战略家们不得不面对经济问题，它关乎数量和质量，是地球上最复杂的系统。一项战略是否会表现良好，常常是一个"取决于"的问题。战略家必须同时将社会、技术、经济、环境和政治体系考虑在内。其中每个体系都包含成千上万相互依赖的要素。如果这是我们的丛林，那意味着丛林宽广无比，必须作为一个整体加以观察。并且其中充满了危险和机会，我们会遇到什么完全取决于各要素的无数相互依赖的状态之间的互动。你几乎没有可能从这片丛林中找到一条可以被称为是占优策略的路线。

为了更好地解释复杂性，物理学家已经描述了一个只有三个要素的复杂系统，即当两个要素的状态（如两颗行星）依赖于（如通过重力）第三个要素的状态（如在太空中的位置）的情况。[1]

你可以将一个与董事会成员（就像前面例子中的行星一样）的商务会议想象成更复杂的体系。每个董事会成员都是处于不同状态（如意见）的要素。在战略讨论中，不同的观点相互影响、相互依赖。例如，想象一下首席技术官（CTO）加入了辩论，他认为我们应该在信息技术系统中增加投资，在首席执行官（CEO）向董事会宣布公司发展不利，需要关注现金流后，他可能会改变主意。而接下来，当首席财务官（CFO）披露公司刚刚获得了巨额现金流时，首席执行官可能不得不改变他的观点。以此类推。如果我们已经能把董事会看作一个复杂的系统，你可以想象一下，观察整个经济系统、竞争对手和产品市场有多复杂。这也意味着，对于战略家来说，不存在一个正式的数学模型——很可能永远也不会有。这也意味着，战略家们永远不应落入承诺为复杂挑战提供所谓"简单"答案的陷阱。

---

[1] 参见Perlitz, M. (1993). Why most strategies fail to-day: The need for strategy innovations. *European Management Journal*; Gowers, T., & Barrow-Green, J. (2010). *The Princeton companion to mathematics, the three-body problem*. Princeton University Press.

复杂性是否因此就可以成为战略家的敌人，阻碍战略家利用他们所拥有的时间去实现战略目标呢？我们的回答是：是的。很多案例都表明，复杂性意味着找到最佳决策成了一个巨大的挑战。

即使设想我们有足够的资源来支撑我们做出某一个决策，并计算出所有的可能性，但因为有太多的选择要做，我们不可能用同样的方式，应对所有其他迎面而来的问题。即使不能深入了解，这一评估至少让我们意识到，在涉及气候变化、移民和潜在经济危机等问题时，我们所面对的困难。

在没有卓越的整体模型的情况下，战略家在面对复杂性这个敌人时，要依赖于自己的经验和直觉。根据这一心理模型，在一个高度复杂的世界中，经验和直觉是唯一的导航工具。因此，一种可能成为超能力的能力，应该能够支持战略决策者们凭借宝贵的经验和直觉，在复杂性中做出更好的决策。

敌人2号：适应性

仅仅是复杂性，就几乎已经让找到走出丛林的最佳路线，或制订出最佳的战略计划成为不可能的任务。一个有足够经验和敏锐直觉的战略家可能会找到一条出路。但是，当我们认为直觉能很好地引导我们时，战略家的第二个敌人出现了，它甚至能够拦住最有经验的战略家。这个敌人叫作"适应性"。适应性可以被看作复杂性之外，战略家和战略目标之间的第二道高墙，如图5-3所示。

我们回到丛林中，去面对我们的第二个敌人。在这个"绿色地狱"中，我们继续坐在阴凉处研究地图。我们在计算上花了不少时间，并使用了一些启发法来吸收地图背面的信息。我们一直牢记要尽快离开丛林，并对不同的路线进行了相应评估。我们的结论是，在计划上花费的时间和努力是值得的。最终数小时后，我们完成了

图 5-3　适应性之墙

繁重的战略规划，并将其转化成了可执行的路标，决定选择沿着河流的路径。背包已经收拾停当，地图就插在背包的一侧，于是我们激情满怀地出发了。

到目前为止，心理模型中的情况可以给我们提醒，例如，当为下一年制定战略的时候。你的团队和/或外部咨询公司完成了一项出色的工作，把所有因素都考虑在内了。那些繁杂的任务，比如收集所有需要的信息并得出结论等，都已经得到解决。对于即将到来的复杂障碍（在河边），正如你所预料的那样，你可能不得不需要用更多的时间来分析，但最终，你确定了一个充满希望的战略。一切准备就绪后，可以出发了。那么现在还会遇到什么问题呢？

一如计划的那样，旅程十分顺利，直到出现了一个改变游戏规则的小变化。这是一个对你的战略成功率有巨大影响的微小变化。到了河边，你发现河上修建了一个小型的拦河坝。是的，只是一个简单的拦河坝。这个拦河坝为当地居民提供服务，确保他们全年都能获得足够的水。不幸的是，这一微小的变化使我们计算得出的复杂障碍（例如猎物和捕食者的行为）失效了。这意味着什么呢？

我们想象以下情形：之前制定的战略能让我们在正确的时刻渡过这条河。也就是我们已经解决了复杂性，并考虑了天气、水位、猎物数量，以及捕食者最可能的行为等要素之间确切的相互依赖关系的影响。我们甚至可能已经发现了鳄鱼与河马的行为模式，使我们能够在牢记前几天的天气情况和水位的条件下，在某个清晨获得一个穿越河流的时间窗口。

因为这个小小的拦河坝改变了河流的水量，系统中所有不同要素之间假定的相互作用也都随之改变了。这造成了相当大的影响。这个系统的各个方面已经适应了新的情况。这种适应意味着你必须去应对一套全新的系统行为。即使系统要素和要素状态保持不变，要素相互作用的方式也会发生变化，这意味着整个系统行为随之发生了变化。

你失去的不仅是在清晨穿越桥梁的时间窗口，地图上所有供你制定战略的假设条件也已成了明日黄花。需要明确的是，我们在这里讨论的变化，不是旅程中繁杂的部分，而是复杂的那些部分。在复杂的部分中，我们发现很难找到一个解决方案。

这个"小"变化的潜在影响是无可计数的。例如，在拦河坝建成后，猎物会更愿意选择旁边较小的水塘来饮水。然而到目前为止，没有人知道，地图背后的信息过时对于捕猎者和猎物的生态环境意味着什么。天气的影响也会发生变化，更不要说不同时间的水位情况。结果，你不得不再次在阴凉处找个好地方，进行观察并学习。你必须在研究了天气、河流、动物等之间的相互作用后，更新地图上的信息。最后，你将不得不再一次解决所有的复杂性，以确定在一个安全的时间窗口过河。

有一点要引起注意。心理模型中的"适应性"描述了"丛林"系统中的变化。在现实世界中，不仅是市场（心理模型中的丛林）在发生变化，市场参与者也在发生变化，比如公司（在心理模型中指的是需要找到出路的旅人）。我们再次以前面提到过的柯达公司为例。"适应性"这个敌人既可以在市场上找到，也可以在柯达内找到。就市场方面而言，摄影术的数字化（可以比作我们心理模型中的拦河坝）改变了一切。柯达"走出丛林"（即保持高利润率）的战略是在公司完成所有的制造程序。这一战略使柯达对流程和质量具有高度的控制力。不幸的是，对于新的数字"丛林"来说，生产成本太高了。竞争对手以前所未有的低成本进入市场；柯达不得不回到树荫下，彻底重新考虑自己的战略。他们就是这么做的。他们在新技术上投入了巨资。我们今天已经知道这种转变失败了。到底是哪里出错了呢？其中一个原因可能是，他们在公司内部面临着"适应性"的挑战。员工们不习惯数字摄影世界的全新生产流程和产品营销方式。变化发生得太快了。仅仅举行一次全员大会，告知大家什么是新环境（在我们的心理模型中，指的是关于猎物和捕食者的新行为）是不够的。员工们只习惯于旧的模拟摄影世界的工作流程，并据此行事。他们以他们过去习惯了的方式过河。他们没想到捕食者正在等待自己。

　　"适应性"是残酷的，不管你在这个战略上付出了多少努力，它都不会表现出任何怜悯。因为世界已经再次发生了变化，勤勤恳恳制定的战略墨迹未干，可能就已经过时了。如果预期的消费者行为由于单一事件（如某一产品发生事故）而转向相反的方向，该怎么办？恰好有一个很有名的案例，那就是协和客机2000年发生的重大事故。这次事故使协和客机从自由奢侈的象征变成了威胁生命的危险品。消费者会接受新的信息，并且可能会极大地改变他们的购买行为。通常情况下，这些事件意味着监管机构可能会根据公众舆论或观点，改变自己的行为。例如，监管机构可能会为了应对新的形势，将此前低调的行事方式转变为一种更激进的监管方式。以前的伟大战略举措现在可能导致公司的末日。在我们的心理模型中，这种变化至少是显而易见的（拦河坝），但如果它不是那么明显呢？由于各种原因，消费者的行为可能会发生变化，但是在我们弄清原因之前，甚至是开始研究之前，就已经来不及做出反应了。以时尚行业的趋势为例，谁能真正说出一个趋势为什么会发生，而它为什么又会以更快的速度消失的原因呢。阿贝克隆比&费奇（Abercrombie & Fitch）公司可以作为案例之一。它的品牌核心既简单又成功：面向年轻漂亮的人。2013年，它的品牌价值曾让其他公司羡慕不已。谁能预料到了2019年，性感不再流行了！风向已经逆转，阿贝克隆比&费奇公司必须得适应这种变化。

因此，除了复杂性之外，危害最大的敌人就是适应性。适应性意味着我们仔细研究过的系统，包括它的要素、状态和相互依赖关系，突然之间不再是以前的那个系统了。而且，这里所说的变化，并不是说一两个状态（比如天气状况）发生了变化（这只会增加事情的繁杂性）。变化意味着系统的行为改变了（就像所有的依赖关系都因为拦河坝而改变了），意味着你需要重新研究，才能保证你能正确地模拟新的系统。

总而言之，适应性是一个系统的属性，而不是原因。使系统发生适应的是变化。换句话说，适应性本身并不是挑战，能够触发系统发生适应并使过去所有的观察结果过时的变化才是。问题是这种调整多长时间会发生一次。

作为一个战略家，当意识到变化发生时，你有两种选择。你可以坚持原有战略，并希望它能继续适用。如果这个体系没有彻底地发生改变，那么根据你的观察结果制订的战略计划将仍然有效。此外，你也可以再次召集自己的团队或外部咨询公司，来分析新的情况。如果变化发生得过于密集，这是一个非常合理但成本很高的方法。

从前进行战略思考，主要是与有影响力的领导会面，一边抽着雪茄、喝着上好的葡萄酒或威士忌，一边讨论重要问题。然后你带回从对方那里学到的东西，就潜在战略计划的一部分提出假设，一周后再次重复这个过程。那时候，实现战略目标的可用时间很长，而变化的速度相对较慢。那是战略家们的黄金时期。他们能够利用时间的力量，非常成功地管理他们周围的商业世界的复杂性和适应性。如今，在以计算机和互联网为标志的数字时代，决策过程更像是快餐厅——总是让人带着一种"不健康"的感觉回家，并因为缺乏维生素而营养不良。

在过去，战略挑战也可能相当复杂，市场环境也可能具有适应性，但至少变化的速度很低。因此，作为"敌人"的适应性，并不会成为引发行动的理由。战略家们可以专注于复杂性，将其削减并提出解决方案。而今，复杂性不仅在增加，市场与市场参与者之间的复杂关系，也在因为条件的加速变化而不断地发生适应性变化。变化的速度使研究成果、战略认识或战略计划很快就会过时。我们经常在日常工作中感到世界的运行速度变得越来越快，市场动态变化急剧增加，战略家们很难跟上它们的节奏。例如，走向国际的战略在过去两个月里一直是个好主意，直到一位政客在推特上说，他不再喜欢你计划投资的国家了。

虽然这些都是事实，但我们现在更好地理解了这一点，"变化"本身并不是导致当下的战略家们苦苦挣扎的原因。如果你只是重新装修企业总部，改改墙壁的颜色、更换内部信息技术系统，或者调整公司的车队，那都是很容易处理的变化。只有当变化与复杂性和适应性并存时，它才会成为一种挑战。这就是我们的（商业）世界以越来越快的速度变得越来越复杂的原因。

如果用丛林心理模型来说明变化的速度，你可以这样说：拦河坝是一种变化，已经对我们寻找出路的战略产生了相当大的影响。

然而，当我们坐在凉爽的树荫下，试图找出渡过河流的方法时，在一种基于算法的智能控制系统的作用下，拦河坝的闸门被打开了。当地居民也因为数字科技而受益了。这一智能控制系统会根据天气条件和村庄供水状态，决定是否打开拦河坝的闸门。为准确预测捕食者行为，你需要重新努力思考和计算。你可以想象一下，这一智能控制系统的出现，会对你产生什么影响。可以再想象一下，如果对拦河坝进行智能控制的不是住在河边的人，而是住在更远地方的人呢？如果建成了以区块链为基础的村际贸易体系呢？还可以更现代一点，如果这些交易是通过一个融合了天气预报、节日和当地居民情绪的人工智能来解决，会如何呢？变化每个小时都在发生。欢迎来到未来的丛林，向最危险的（商业）世界致敬。

在心理模型中，变化伴随着一个包含环境条件、猎物和捕食者的复杂适应性系统。如果现在变化的速度加快了，这个系统就会更经常地发生调整。如果它并不是一个复杂系统的话，变化也不会成为问题。复杂性意味着，一旦战略需要去适应正在发生的变化，情况就会变得更加难以分析、处理和优化。

不幸的是，战略顾问们也没有办法应对如此之快的变化。更准确地说，他们无法提供一个代价不高的答案。当然，你可以聘请一家咨询公司来应对，但聘期三个月是不够的，因为可能需要一整年，也可以通过增加工作人员，扩大专用战略团队的方式跟上变化的速度。不过，公司的首席财务官肯定对这些手段不是很满意。因此，按照传统，你必须选择一个特定区域作为重点，并分配你的资源。

总之，复杂性和适应性是我们每个人都会遇到的挑战。战略家和非战略家的区别在于，战略家的追梦之旅，从开始到结束会有更多的时间。从这个意义上说，战略家有更大的机会遇到复杂性和适应性。因此，我们发现我们的力量来源具有两面性。长时间给了战略家实现大目标的机会，这是好事。但同样，它也会导致敌人（即复杂性和适应性）更频繁地出现——因为旅程越长，遇到鳄鱼的机会也就越多。在过去的几年里，复杂性、适应性和变化速度都极大地提高了，从前的力量之源越来越成为弱点之源。利害关系人看到的是一个充满复杂性和适应性的世界。他们相信，用更少的时间去实现目标、专注于短期的KPI，由于复杂性和适应性而失败的风险就会降低。他们是对的，风险确实降低了。但在硬币的另一面，我们因此也失去了所有长期思考带来的积极影响。我们不想生活在一个没有鼓舞人心的大目标的（商业）世界里。因此，我们提出第三条道路，一个应对复杂性和适应性的智能方案，能同时实现下面两个目标：避开复杂性和适应性，用所有时间去实现大目标。

御敌尝试

战略家们对于如何抵御敌人，做出了诸多尝试——尝试去拿回时间的力量，尝试消除复杂性、处理适应性，以便能够应对不断加快的变化速度。一种著名的方法是系统动力学理念，另一种是博弈论。我们先来看看这两个概念，然后查验一下过去那些概念是否仍然有效，是否依然可以帮助到今天的战略家。

首先，系统动力学是基于这样一个假设，即我们可以用一种被称为自上而下的方法将复杂性放入一个整体模型中。这里的自上而下是指：理解每个系统要素的关系，并用数学方程为它们建模。这种方法的发明者是麻省理工学院斯隆管理学院的教授杰伊·福雷斯特。他是计算机工程和系统科学的先驱。他总结道："管理者的任务比数学家、物理学家或工程师的一般任务更加困难、也更富挑战性。"作为一名训练有素的工程师，他拒绝接受商业问题没有科学依据的观点。[1] 面对战略家们现在的任务，我们希望能建立一种科学模型，用数学方程的形式来描述我们周围的世界。这一希望是建立在计算机处理能力不断增强并且其增长速度超过变化速度的假设之上的。不幸的是，直到现在这一看上去很有希望的方法，仍未取得成功。如果想要成功，这种方法需要给计算机提供一个关于我们整个世界的数学模型，然后才能开始进行计算。然而，在这一工作中，我们面对的敌人和现实世界中是一样的。

复杂性和适应性已经与高变化率结合在一起了。应用系统动力学的研究人员和实践者，必须首先了解现实世界中复杂性和适应性的影响，才能将其编程到计算机中。这就引出了一个问题，如果建构模型需要事先理解现实世界，我们为什么要开发一个数字模型来理解现实世界的复杂性和适应性呢？换句话说，如果你不能理解现实世界，那么你将很难构建一个能精确代表现实世界的方程。当然，真实世界的模型总是相对简化的，因为这就是模型的本质。可以这么说，一个模型的好坏，就在于它是否提供了一种理解特定现象的合适方式和/或它是否可以用于实际的预测或优化。不幸的是，系统动力学理论长于理解，拙于应用（预测和优化）。商业世界不仅是想要理解一种现象，还是想要知道最后如何赚到更多的钱，系统动力学在这方面做得并不好。有人可能会说，如果能够建立起一个被充分建模的"数字"世界，就可以证明之前所做的努力是值得的，因为这个模型可以重复使用。作为一个细心的读者，你当然已经知道答案了——正如适应性一直在改变现实世界一样，数字世界

---

[1] 参见 Forrester, J. W. (1961). *Industrial dynamics*. The MIT Press.

（或者说数字世界背后的模型）也必须一直要重新思考和重建。特别是因为系统动力学模型都是相当复杂和"冗长"的，快速变化带来了很高的调整成本。到目前为止，系统动力学是为对抗复杂性和适应性所做过的最复杂的尝试，但还是存在着自己的局限性，特别是在实际的商业应用方面。❶

除此之外，还有其他一些抵御和处理复杂性、适应性和变化速度的尝试。其中最有名的是博弈论，它是一种用自下而上的方法来为复杂系统建模的。这种方法的发明者是通才约翰·冯·诺伊曼（John von Neumann）。我们在他1944年出版的《博弈论与经济行为》（*Theory of Games and Economic Behavior*）一书中，可以找到这一理论的完整版。他最初的动机是为了更好地模拟商业世界中，按照利益最大化原则进行商品交换的情况。此外，他对发现数学模型很感兴趣，因为计算机可以处理计算工作，这些数学模型在我们与"敌人"作战时就派上了用场。❷最终，就像杰伊·W.福雷斯特一样，他受到了（经济）系统"通用模型"这个想法的吸引。

与自上而下的系统动力学思维方式相比，自下而上的方法意味着你只需要理解每个要素的动向，而不需要理解其背后的整体机制。这样一来，其优势是显而易见的：因为你只需要描述系统中要素的动力，而不需要描述整个系统，所以你可以更容易地为复杂性建模。不幸的是，这种建模方法背后有一个强硬的假设，即每个要素都是理性的智慧实体。我们暂时回到丛林中去，就会明白，不管是人类还是动物，在做决定时并不总是理性的。当然，在商业世界

---

❶ 参见Featherston, C., & Doolan, M. (2012). A critical review of the criticisms of system dynamics.

❷ 参见Von Neumann, J., Morgenstern, O., & Kuhn, H. W. (2007). *Theory of games and economic behavior (commemorative edition)*. Princeton University Press.

中也一样。

事实上，你很难向利害关系人解释——你的决定是基于一个模型，而这个模型不包括详细的市场机制，只包含要素的动向（如竞争对手）。在产生冲击方面，适应性和变化率对基于要素主体的建模者和对其他建模者是一样的。如果要素主体（竞争者、监管者、消费者或捕食者）改变了他们的行为方式，该怎么办呢？在这种情况下，一旦我们发现了变化，模型就必须进行调整，这会导致高昂的成本。

那么情境思维呢？情境思维难道不是一套更加有效、能让我们成为更好的战略决策者的战略工具吗？确实没错，但情境思维只能对抗两个敌人中的一个。情境思维在解决商业世界日益增加的复杂性方面能够发挥巨大的作用。它在模型（如系统动力学）和（过度）简化模型（如预测或基于主体的建模）之间提供了一种平衡。然而，当涉及变化的速度时，情境思维也无能为力。

利用几个月时间，在确定了一个有用的焦点问题、确定了所有的驱动因素，并最终构建出未来的情境之后，你对商业世界的复杂性做出了强有力的回答。然而，这个答案只有随着时间的推移才会生效，前提是商业世界没有发生太大的变化。因此，如果变化的速度再次升级，适应性改变了一切，那么届时作为战略决策者，你将无法确定这些情境是否仍然有效。如果情境不再有效，而你却用战略选择对这些情境进行了风洞测试，就会发现在模型中运作良好的情境，换在现实世界中却并非如此。结果将是一场灾难。

目前，战略思想家们的对策是定期检查这些方案的有效性——通常每6~12个月检查一次。如果对情境框架的"健康"检查得出了坐标轴已经过时的结论，那么必须组织新的情境规划活动，对情境进行更新。每一项设计活动的成本取决于特定焦点问题的复杂性、适应性和变化速度，以及相关的市场和市场参与者。避免这些成本的唯一方法是放弃情境思考，转到预测法（Prognosis）或简单预测法（Simple Forecasts）。但很明显，变化的速度及其引发的适应性，对这些预测的影响更大，预测结果肯定更容易过时，预测的数字也将更容易失效。之所以会如此，是因为为将变化纳入考量，情境思维在开发情境时，会设计4个情境而不是只设计一个。设计的情境越多，其中一个符合现实的可能性就越高。

总结下来，情境思维仍然是我们所拥有的最锋利的武器。我们为商业世界进行建模的其他尝试，都遵循着相当极端的前提，系统动力学太复杂、博弈论太简单，相比之下，情境思维找到了中间的黄金地带。一方面，你正在构建一个非线性模型（情境轴与情境叙事相结合），另一方面，你保持了它的实用性，因为这样的战略不需要专业的计算机知识。

不幸的是，我们最锋利的武器越来越钝了。其原因是变化的速度与复杂系统的适应性结合在了一起。而这种适应性，是我们作为战略家必须去加以管理的。和用其他方式为商业世界构建的模型一样，我们将不得不检查我们的模型是否在世界发生改变之后仍然有效。由于世界的变化在加速，因此我们必须越来越频繁地检查情境框架的运行状况。

到这里，问题就来了：在一个日新月异的世界，使用情境思维的建模能力时，如何将所需的资源保持在一个合理的水平？在有些情况下，庞大的咨询团队都无法全面观察变化，也无法全面理解其对情境的适用性和最优战略调整的意义。在这样的情况下，如何为应对复杂性、适应性和高速变化做好准备呢？如图5-4所示，我们将动态情境建模与其他处理复杂性、适应性和快速变化的方法进行了对比。

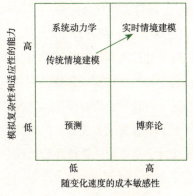

图 5-4　动态情境建模

对抗最强敌人的终极超能力

本章承诺要赋予战略家一种超能力，这样一来，在快速变化的世界上，他们也能成功地对抗复杂性和适应性。之前，我们仔细地分析了两个敌人——复杂性和适应性，以及它们因为变化加速而"变得越来越强"的原因。因此，利用这种超能力成功地应对变化的速度，我们就可以切断两个敌人的"食物供应"。

我们也看到，为对付我们的两个敌人，之前所有的尝试几乎都失败了，要么是因为他们的交战方式不对（博弈论和预测法），要么是因为受困于变化速度和相关成本的影响（系统动力学和传统的情境建模法）。

我们建议你还是暂时放弃博弈论和预测法，因为它们的设计理念过于简单。另外，利害关系人还没有做好准备，在涉及重要决策时将他们的信任押在博弈论的"黑箱"中。因此，我们比较了系统动力学和情境建模两种方法，讨论哪种更适合进行改进。我们分析了在满足能够应对变化速度且能保证不对复杂性和适应性过度简化这两个条件的前提下，哪种方法更有前途。

这两种自上而下的方法，都可以帮助我们更好地理解周围的商业世界。在为具有适应性的复杂系统建模时，两种方法都做得很好。但两者有一个决定性的小区别，那就是到目前为止，情境建模更适合战略决策过程。一旦开始构建模型，你就可以感受到这种优势。情境建模使用了大多数决策者能够产生共鸣的常见概念，如头脑风暴等；而系统动力学依赖的是系统理论的概念，必须要提前研究才能弄懂。

此外，想要应用系统动力学，需要使用特殊的软件，而情境建模只需要笔和纸。因此，在今天的商业世界中，系统动力学的应用要比情境建模少得多。所以，我们将系统动力学作为下一阶段的研究方法，首先把注意力集中在情境建模上。

我们的愿景是改进情境建模方法，在商业世界的复杂性、适应性和变化速度不断增加的情况下，使之能够极大地支持战略家实现他们的大目标。

我们提出的解决方案是用人工智能的超级力量来为战略家提供助力。我们相信，只有人工智能才能帮助我们实现这一愿景。好消息是我们已经找到了证据，实验结果表明在情境建模的基本过程中，非常适合插入人工智能。首先，我们来详细说明，为什么将人工智能应用于战略规划既是一个良策，也有巨大风险。如图5-5所示，情境规划与人工智能的结合，给了战略家们处理复杂性和适应性的能力。

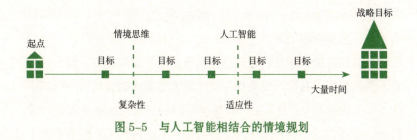

图 5-5　与人工智能相结合的情境规划

从小说到科学，从科学到战略

在许多情境规划活动中，我们遇到了一个新的现象。我们称之为"人工智能借口"。当参与者不知道如何解决特定挑战时，你很可能发现他们会说"剩下的任务将由人工智能完成"。考虑到人工智能具有巨大潜力，这种现象是可以理解的，但我们想确保我们不会像美国西部电影那样，把人工智能当作一个波特金村庄❶（Potemkin village，意思是虚假的繁荣）来使用。

现在，人工智能是一个热门词汇，出现在各行各业的讨论中。它正从科幻小说作家的书中走出来，成为现实的一部分。1956年，达特茅斯大学（Dartmouth University）的一个研究项目几乎囊括了该领域所有主要研究人员。在这个项目中，"人工智能"这个术语被创造了出来。仅仅几年后，诺贝尔奖获得者赫伯特·亚历山大·西

---

❶ 俄罗斯政治家格里高利·波特金是"波特金村"一词的创始人。他生活在18世纪，当时他沿着凯瑟琳大帝通往帝国南部的道路建造了壮观的假村庄，制造该地区经济繁荣的假象。如今，"波特金村"代表了一种精心策划的表面现象，或者是用来掩饰一个不愉快的事实或情况的表演。来源：S.S.蒙蒂菲奥里（2001年），《王子的王子：波特金的一生》，伦敦：韦登菲尔德和尼克尔森出版社，379-383。

蒙（Herbert Alexander Simon）在1965年断言："20年内，人类能做的工作，机器都将能做。"[1]回顾历史，这样的早期展望既让人感到失望、又让人激情满怀。建造一台具有通用智能的机器，似乎一直是人类的梦想。这里的"通用"意味着人工智能能够摆脱专门的用途（如自主驾驶），像人类一样解决不同的任务（比如既可以自动驾驶，也可以为你阅读和总结这本书）。早在17世纪，哲学家笛卡尔就已经在他的著作《方法论》（*Discourse on the Method*）中，阐述了机器是否将具有和人一样的外表，以及像人一样行动、思考。按照他的观点，可能出现外形和行为都和人类相似的机器。但他认为，机器不可能拥有具有实用价值的说话或书写能力：

> 很难相信，存在这样一种机器，能够哪怕像一个最愚钝的人那样，对词语进行不同的排列，对所有对话都能做出有意义的恰当回答。

笛卡尔是一个卓越的未来主义者，他预见到了当今创造一个通用人工智能，而不是一个具有狭窄专门用途的人工智能时所面临的挑战：

> 尽管有些机器在某些方面能和我们做得一样好，甚至更好，但它们在其他方面不可避免地会失败，这表明它们的行为不是来自理解，而是来自其内部结构的配置。[2]

---

[1] 参见Simon, H. A. (1965). *Via: AI: The tumultuous search for artificial intelligence (Crevier, 1993)*. NY: Basic Books.

[2] 参见Dormehl, L. (2017). *Thinking machines: The quest for artificial intelligence and where it is taking us next*. TarcherPerigee.

1950年，艾伦·图灵（Alan Turing）对"模仿游戏"的描述，形成了一种对人工智能的能力进行测试的重要方法，被称为图灵测试（Turing Test）。这个测试能够显示机器是否有足够的智能来伪装成人类。它是一个人类裁判与机器的互动，在不知道对方是人还是机器的情况下，通过书面互动判断对方是人还是机器。一旦实际上是在与机器互动的裁判认为自己是在和人互动，机器就会被认为是智能的。❶

1951年，一项有希望赢得这一测试的先决技术被开发了出来——随机神经模拟强化计算机（the Stochastic Neural Analog Reinforcement Computer）可能是第一个使用人类（和动物）智能重要特征的系统，即通过自学来解决问题。这台计算机以真空管、发动机和离合器为基础，其目的是帮助一只虚拟老鼠解决迷宫难题。虚拟老鼠的每一次行动都会产生学习效果，因此成功的概率会不断增加。然而，直到20世纪80年代后期，人工智能研究才终于迎来了重大突破——从"基于规则的"程序设计到真实的"机器学习"。在过去，开发人员通常试图构建一个预测系统，其中包含人类（或其他感兴趣的现象）的行为或人类做出反应的基础规则，而现在一些机器学习系统则能够完全自动地遵循自学或试错的方法。IBM的TJ沃森研究中心发布的"语言翻译的统计学方法"，被认为是人工智能发展史上的另一个里程碑。❷这个系统是当前翻译工具（如谷歌翻译或DeepL翻译器）的雏形。IBM用来自加拿大议会会议记录

---

❶ 参见Warwick, K., & Shah, H. (2016). *Turing's imitation game: Conversations with the unknown*. Cambridge University Press.

❷ 参见Brown, P., Cocke, J., Pietra, S. D., Pietra, V. D., Jelinek, F., Mercer, R. L., Roossin, P. (1988). A statistical approach to language translation. Coling'88. *Association for Computational Linguistics*, 1, 71–76.

的200多万个英语和法语短语，对该系统进行了训练。不过事实证明，基于规则的系统也表现良好。1997年，IBM取得了重大进展，他们的"深蓝"电脑击败了国际象棋冠军加里·卡斯帕罗夫。深蓝是基于纯粹的分析能力，通过计算可能的走法，并将它们与过去其他象棋游戏的走法进行比较后，下出每一步棋，而不是像基于机器学习的人工智能那样在学习。❶另一个突破是在2016年，谷歌旗下公司Deep Mind开发的人工智能阿尔法围棋（AlphaGo）击败了围棋专业选手李世石（Lee Sedol）。围棋比国际象棋复杂得多。这一人工智能的高超能力源自自己和自己下棋。实际上，它对任何人类围棋选手来说都是几乎不可战胜的。❷

今天人们讨论的人工智能和历史书中出现的人工智能不同，因为我们正在接近人工智能的又一个重要里程碑。我们正在经历这项重大技术的"第二个春天"。"第一个春天"的标志是出现了一个基本原理（如神经网络）和大量的基础研究（大量的科研成果和专利）。同时，"第一个春天"被大众和科学媒体广为报道，成为许多梦想和想象的基础，如科幻电影。但最终令人感到沮丧的是，这些期望并没有在我们的日常工作或生活中实现。期望过大和结果太小组合在一起，导致了人工智能"第一个春天"的结束。在过去50多年里，我们一直能感受到这一周期的影响。最后，人工智能成了人们避免提及或与之产生联系的概念，否则会很容易招致意见领袖的批评。

这一次，我们再次谈起了人工智能。不同之处在于，之前所有

❶ 参见IBM (n.d.). DeepBlue. ; Teicher, J. (2018). Garry Kasparov: it's time for humans and machines to work together. IBM.

❷ 参见Metz, C. (2016). In Two Moves, AlphaGo and Lee Sedol Redefined the Future. Wired.

的理论工作现在都得到了回报，我们最终看到了越来越多的实际应用。人工智能显现"第二个春天"背后的根本原因是有了更高的处理能力和更多可用的数据。例如，10多年前，通过官方数据对一个新闻网站的新闻内容进行分析是不可能的。我们不得不逐一抓取新闻站点以获取信息，并且只能用于测试目的。实际上，是处理能力和数据推动了传统人工智能方法的复兴。

使用人工智能来处理具有复杂性和适应性的系统，最具潜力的方法之一是之前讨论过的可以用于机器学习的神经网络。这就是为什么谷歌Siri或亚马逊Alexa能"理解"你（大多数时候）的原因。神经网络甚至是自动驾驶背后的力量，是它赋予了汽车"眼睛"和"大脑"。尽管神经网络概念的基本思想已有50多年的历史，但直到今天，处理能力和获取数据能力的极大提升，才终于能够满足它的需求了。

神经网络在某种程度上可以与儿童相类比。儿童需要大量的精力和时间去学习，他们已经拥有一个强大的大脑（处理能力），能够通过观察和反馈（数据）学习那些塑造了他们的知识。

得益于处理能力和数字化的进步，我们获得了所需的数据，神经网络型人工智能最终能够实际应用于商业用途。

要说明的是，目前还没有一种通用的人工智能。通用人工智能可能是人工智能进化的第三个阶段，它在当下仍然只是科幻电影的素材，而且在相当长一段时间内都将如此。

通用人工智能对我们在战略环境中使用人工智能具有重要意义。不过，只要我们还没能见到通用人工智能面世，想要理解具有复杂性和适应性的系统（如商业系统），人类的战略思维就还是唯一的工具。这意味着在今后一段时间，人工智能能够为某些特定的系统要素（比如我们之前的例子中的河流、猎物或捕食者）建模，却很难为要素之间的相互作用建模。还有一件事也很困难，那就是你需要将系统要素的几乎全部历史数据输入人工智能。所谓"全部数据"意味着建模者必须拥有系统每个要素（猎物、捕食者、天气、原住民、拦河坝等）的所有历史数据。打个比方，这实际上意味着要为每个要素配备一个传感器，收集它们每时每刻的状态信息。如果真是这样，在给鳄鱼安装传感器时，祝你好运。虽然在我们的丛林模型中，这样做尚且可以想象，但对于一个涉及市场上各种情况和所有利益相关者的真实商业环境来说，难度是不可想象的。

考虑到变化的速度和适应性，这意味着每次系统适应新情况时，都需要进行大量的数据更新。这在一定程度上解释了为什么当今最复杂的人工智能，只能在虚拟现实中运行（例如电脑游戏）。

在电脑游戏中，你可以对每个要素进行测量，并通过反复运行虚拟世界，为人工智能产生足够多的学习所需的数据。换句话说，没有哪个人工智能有能力帮助我们构建情境（模拟具有复杂性和适应性的系统），同样重要的是，也没有哪个人工智能可以开发出不会过时的战略建议。我们可以获得能够阅读和写作的人工智能，但它们却不能创作出关于战略的著作，因为人工智能并不能真正理解具有适应性的复杂系统中的不同要素，它们只是在从历史数据中复制要素。

综上所述，人工智能的优势只体现在识别最狭窄、最专业的要素上，同时一定要避免相信有些专家所谓的接近了通用人工智能的保证。

实时情境建模

第6章

现在，我们最大的敌人已经得到了确认——与变化速度相结合的复杂性和适应性，也理解了我们到底能期待人工智能这个强大的同盟做些什么，接下来，我们把精力集中在制定终极防御战略上。

在情境建模过程中，有很多环节非常适合引入专业人工智能。这样一来，引入了人工智能的情境建模环节，就超越了传统情境建模中的相应环节。这里说的"超越"，指的是这些建模环节质量更好（例如增强了情境的有效性）和/或成本更低（例如需要更少的咨询时间）。将情境建模提升到一个全新水平，从而使战略家们能够使用经过强化的工具来实现他们的战略目标，这就是认识和利用人工智能的终极目的。最终，在人工智能的帮助下，我们能让情境规划从业者更有效地应对变化的速度，并从根本上帮助他们战胜复杂性与适应性。

为了给人工智能的应用提供一个模式，我们将应用情境思维的过程分为三个阶段：

（1）调研（焦点问题和驱动力）；

（2）建模（关键不确定性、情境框架和情境叙事）；

（3）监测（情境监督和"健康检查"）。

调研阶段如何利用人工智能

焦点问题

焦点问题应该完全由战略决策者（如首席执行官）或能够担负责任的决策者团队（如董事会）来界定。按照情境思维的逻辑，只有回答了焦点问题，首席执行官才能制定出一个不会过时的战略，最终实现他的战略目标和愿景。因为只有他知道自己的愿景是什么，他才是最适合从愿景中提取焦点问题的人。很难想象在短时间内，人工智能会取代人类决策者来制定愿景或战略目标。这与一种能力密切相关，即全面理解市场、客户或员工（所有复杂的适应性系统）并为之建模的能力。不管是否有意为之，首席执行官们通常都为所有这些系统建立了心理模型，并以此为基础构建起了自己的愿景和战略目标。只有至今尚未问世的通用人工智能才能做到这一点。不过有些模型，比如基于博弈论建立的模型，可以给决策者带来启发，或改进他们的想法。

驱动力

与模拟复杂的适应性系统（如市场及其参与者）所需的心智能力相比，识别并分析其要素更为重要。至少到目前为止，确定与焦点问题相关的驱动力，还是情境规划从业者、分析师和行业专家的任务。正如我们在第2章中所描述的，这一任务繁杂艰巨，因此很适合使用人工智能。

通常，我们要在3周时间内至少识别超过100个驱动力，这取决于工作环境的复杂性。我们用某个行业的未来情境这样一个典型的焦点问题来举个例子。为了确定所有相关的驱动力，我们一般会采访专家，并将访谈结果记录作为文本。此外，我们还会检索科学论文、新闻和其他互联网资源，来寻找其他专家的说法。我们的目标是分别对所有可能相关的系统和它们的要素进行"头脑风暴"，并将所有的驱动因素按照STEEP框架进行归类。

虽然专家访谈为我们提供了获得专家详细意见的绝好机会，但这项工作成本很高。比如谈话记录需要进行转录，还需要向专家付费。因此，在实际工作中，采访专家的数量很有限。但因为选取的专家数量太少，调研很可能会出现偏误。

为保证调研的全面性，在互联网上寻找其他专家的意见是一种有效的方式。不过，网络上的信息来源太多了，分析师只能提取到一小部分，根本不可能覆盖所有的具体信息。

总之，劳动密集是调研这一环节的特点。此外，调研过程是所有后续步骤的基础，它对于开发出来的情境是否有效非常重要。

但现在有一个好消息，那就是专业人工智能能够在这个关键阶段提供帮助。在调研工作的某些方面，人工智能已经大大胜过了人类情境规划从业者。相比人类分析师，人工智能的优势当然是非常明显的，因为具有自然语言处理能力的人工智能，不仅阅读速度更快、永不疲倦，并且成本也更加低廉。我们这里所说的阅读，指的是人工智能可以识别相关文章并分析它们，甚至能对其进行判断，比如判断它们的观点，并且这些工作几乎可以在文章发表后立刻进行。对此，你只需提供一个关键词或上下文，剩下的工作交给人工智能就可以了。

我们回到为某个行业构建未来情境的例子。如果我们给人工智能提供了一个关键词（如"汽车"），它将检索所有可得的信息，识别与关键词相关的文本（例如，你本地驱动器上的采访记录或在线新闻采访），并向你提供一个分析结果。分析结果中会包括所有与"汽车"相关的子类，它们可以作为识别驱动力的良好信息源。

此外，人工智能不仅能将有关文本进行集群，还可以显示出与相邻集群的联系。通过将结果（如每次访谈都是一个元素）进行视觉表现，我们不仅能够识别驱动力，还能看到与其他主题的明确关系。例如，最近的一项人工智能分析表明，不仅经济增长、生态系统和技术创新等传统问题需要单独进行考虑，人工智能和区块链技术之间的联系也需如此。我们的客户非常惊讶，因为他们之前对这两个问题是分别处理的。在下一步，如果我们找到了与这两种技术都相关的关系，我们就可以使用这些信息，为人工智能提供一个新的关键词，轻松地扩展我们的调研范围。

很明显，这种调研分析远远超出了手工搜索引擎的研究范畴。此外，它也超越了对基本信息（如百科词条或学术论文）的研究。例如，人工智能在阅读程序读完一篇关于"汽车"主题的文章时，会得出一个关于子主题的标准综述，并且还会强调当前讨论中每个子主题之间的关联。这使得人工智能不仅是在帮助分析人员进行调研，而且可以说是在专家意见之外，提供了又一套应对方案。当然，在衡量和判断当前的发展情况时，专家意见仍然是调研阶段最重要的信息来源，但人工智能同样为理解围绕当前焦点问题的发展动态提供了具有重要价值的全新客观视角。在这一切的背后，只是相当复杂的信息统计分析，并没有什么神奇的东西。

总之，这是一项改变了游戏规则的技术。在实际工作中，这项技术让我们在调研阶段所需的资金减少了几乎75%，同时质量水平提升了40%。如果你还记得我们这样做的原因，就会明白这个结果很重要——我们想提高应对高速变化的能力。得益于人工智能在调研阶段的应用，大量描述和解释变化的信息得以被自动收集和分析，并实现了实时更新，因此人们对于快速变化的恐惧感越来越小。这也给了我们足够的时间来理解变化引发的后果。换句话说，变化的速度本身没有变，但我们应对它的能力增加了。很明显，适应性仍然存在，但是我们现在有了更多的时间来解决它。在调研阶段应用人工智能具有巨大的积极意义，而更重要的是，每个人都可以以很便宜的价格在网络上买到这些工具。

建模阶段如何应用人工智能

关键不确定性

以情境的方式为焦点问题提供一个全面的答案时，一个长长的驱动因素列表是一个极好的信息源。正如前文所述，得益于人工智能，开发这样一个列表所需资源减少的同时，由于检索范围的增加，工作质量也得到了很大提升。

在接下来的步骤中，需要用"重要性"和"不确定性"为标准（见第2章）对列表进行缩减。按照传统方法，我们会聘请一组精挑细选出来的专家帮助我们进行判断。作为网络调查的一部分，我们要专门向他们咨询关于"重要性"的评价标准；对于"不确定性"标准，我们会请他们提供轴线的预期端点，并通过所得答案的方差分析答案之间的差异，对不确定性进行总结。虽然，在调研中确实还没有可以替代专家评估的（通用）人工智能，但人工智能技术实实在在地扩大了调研的范围。通常，根据焦点问题不同，一个人能采访大约10至50位专家。由于有了人工智能的帮助，一个人可以"采访"数以千计的专家。

首先，人工智能会根据一份人工列表或特定的作者名称（如论文引用数量较高的人），来识别专家和他们公开发表的报告。按照"重要性"标准，人工智能会依据长长的驱动因素列表，检索出与一个或多个驱动因素相关的报告。最后，人工智能会分析专家对某种驱动力的相关性或重要性高低的判断。不但如此，这个系统还能做更多工作。由于人工智能能够"获知"用户之间分享关于某个驱动力的特定观点的频率［基于URL（统一资源定位器），其背后有一整套商业模型］，它可以间接地判断出一个驱动力的重要性。例如，报纸可能会在首页头条刊登一篇经济类文章。相比之下，读者和用户可能对第10页上的某个话题更感兴趣，因为这一话题正在成为热点，但新闻机构还不太清楚这一点。因此，分析什么样的话题会病毒式传播，能够帮助我们判断一个驱动力的重要性。

人工智能进行信息检索时，回溯的时间范围（如查看过去一年以来所有专家的看法）取决于焦点问题的主题的变化速度。同样，也有赖于情境规划从业者能否正确地设置过滤器。例如，专家名单是公正的，确保没有偏重某一来源的潜在偏见。在制定驱动力候选短名单时，对直接访谈、专家在线评论或间接结论的报告是同等考虑还是加权考虑，也取决于具体的焦点问题。

在涉及一个驱动力的"复杂性"时，可以用同一款人工智能，不过应用方式稍有区别。在识别出专家及其报告之后，人工智能会查看报告的倾向。例如，一位专家在报告中说人工智能和区块链技术之间关系不大，这里的倾向就可以标记为"弱"。然后，按照这一办法，如果人工智能确认专家报告中有50%认为两种技术之间的关系为"强"，它就会自动归纳出结论：专家之间就这一问题存在高度不确定性。总之，人工智能并没有替代专家的判断，只是帮助我们更有效率地分析它们。

情境框架

在构建情境框架过程中，人工智能的用途很有限。原因很好解释，因为在这个阶段，是一种迄今为止只有人类才拥有的独特能力在发挥作用：理解复杂的适应性系统及其内在要素之间相互作用。换句话说，因为每一根轴线都代表了一个复杂的适应性系统，所以只有战略家和情境规划从业者才能判断哪些轴线的组合是正确的，而只有正确的两条轴线组合在一起，奇迹才会发生。判断特定两条轴线的组合（即情境框架）的一个标准是：它是否具有"挑战性"。人工智能必须对愿景、战略目标、焦点问题和所有相关系统（如市场和市场参与者）有所理解，才能进行归纳。我们在这里再强调一次，只有通用人工智能具备这样的能力，而我们都知道这样的人工智能尚未出现。

有一项工作值得尝试，那就是将情境从业者从两条轴线是否相关的猜测中解放出来。在实验中，我们给每个轴线指定一个指征，用来测量坐标轴的哪一个端点会实现。我们将在第7章中更仔细地研究指征的概念。我们现在可以说，根据历史数据及其指征，如果开发出来的两个驱动力朝同一个方向发展，并遵循一个清晰的模式，则它们的相关性很高。在紧张的工作坊中，人类专家往往会低估或高估轴线之间的关系。将这一步骤交给人工智能来解决，不仅可以节省时间，还可以提高结果的质量。最后，人工智能可以自动生成可能的情境框架列表，每一项都是两条不相关轴线的组合，但选择哪一个作为最终结果，则由专家们来决定。

情境叙事

虽然专业化的人工智能不仅能阅读，还能写作，但它们却缺少理解情境中两条轴线相互作用所必需的能力。只有决策者、情境规划从业者和专家们，才能想象出在轴线的两个端点上焦点问题将如何发展。也只有在所有工作坊参与者的大脑中形成的心理模型，才能解释焦点问题背后复杂的适应性系统（如市场和市场参与者）。不过，人工智能可以通过提供叙事元素而发挥作用，比如图片或者重要的引述。不过，这些元素是否适用于情境叙事，还是得由人类情境规划人员来决定。

监测阶段该如何利用人工智能

情境监测

现在我们来说一说情境思维的必杀技。在应用人工智能之前，调研和建模环节都已存在，尽管质量较差、成本较高。不过，当时监测阶段尚未出现。

让我们仔细看看这个情况。在情境开发出来之后，战略家们就拥有了一个令人信服的框架来作为战略决策的根基。我们还要牢记，情境是对战略选项进行风洞测试的基础。在大多数情况下，我们会发现，某些战略选项在一些具体情境或具体的几组情境中会表现得更好。最大的问题一直都是，随着时间的推移，其中某种情况实现的可能性会变得有多大。

如果你能知道这些情境出现的概率，那么不管在何时决策，你都很容易就能计算出应该选择哪个战略选项。在这里我们仍然面对一个传统的挑战：对每一种情境的指征进行耗时费力的连续测量。如果你想计算出一个概率，就必须不断观察你周围的世界。

应对这一挑战的唯一办法是定期询问专家的判断。因为每位专家都只专精于一个领域，因此需要为所有指征确定并雇用一位专家。这当然是相当昂贵的，只有大型项目才会如此奢侈。此外，如果使用的专家数量非常有限，可能会对某个情境产生一定的偏见，最终，实际上并没有形成有效的监测。这样一来，后果是非常严重的。我们以一个市场变化持续加速的情况为例。想象一下，你数天前刚刚向一位专家咨询了他对区块链技术的看法，然后该技术就遭遇了重大危机。如果情境的实现概率是基于这一技术视角的，那么这一概率会在数天之内发生巨变。如果你现在考虑到，这种关于情境状态的专家访谈，由于召集所有专家的成本太高，每6个月到12个月才会进行一次，你应该会感到有很大的挑战。而且，还要考虑监测情境涉及不止一个指征，它们都会影响情境的实现概率。

对于解决这个问题，人工智能可以提供很大帮助。它可以检索每个指征的相关信息，并根据每条信息自动和实时地确定未来情境将向坐标轴的哪个方向发展。新闻媒体、专利数据和投资流量，都是很好的信息来源。

例如，如果我们想计算某个关于化学行业的假定情境变成现实的概率，需要用到的一个指征可能是相关的政府管控。如果公司是全球化运作的，则需要对全世界的政府管控情况进行监测。各国政府的每一个管理决策（如对某种化学物质的使用进行严格监管的决定）都会被人工智能拾取，通过一个统计学模型来赋予这则信息一个权重（如它涉及的市场大小），然后将其计入一个情境的总体概率中去。在这个情境中，这一信息可能会对市场增长产生负面效果。

由于人工智能只需要很少的人力物力，我们可以将监测指标的数量增加100倍。因此，虽然与以专家小组为基础的传统方法相比，资源投入减少了，但结果的准确性得到了大幅提升。得益于人工智能的发展，我们可以对情境的实现概率进行实时更新。这不仅便于我们在对战略选项进行评价时，计算随着时间推移，哪种情境会变成现实（即风洞试验），而且为战略的日常实施提供了非常有价值的信息。它能持续为我们提供关于商业世界发展的客观信息，因此可以把节省下来的时间用于信息分析。对商业世界的发展及其原因进行持续而详尽的分析，能为决策提供对外部环境的深刻理解。以区块链为例，一般是通过相关新闻事件来对变现率进行持续监测。所以，分析师完全可以理解变现率发生变化的原因。因此，区块链战略的实施团队在工作时（比如，如何选择最好的技术基础），可以参考最新的新闻信息。像情境规划这样的战略框架，能对短期决策产生直接影响，这还是第一次。

情境的健康情况

我们要与复杂性和适应性这两个敌人做斗争，与变化相抗衡，人工智能对此有什么影响呢？显然，只要情境依然有效，人工智能就能自动消化所有的变化。如此一来，改变将不再是一个挑战，而是成了一个区分器。原因是，变化速度越快，使用人工智能进行监测的公司与没有使用人工智能的公司之间的差异就越大。换句话说，那些拥有适用的人工智能的公司，改变了对变化的态度，由害怕变成了欢迎。改变更多地意味着机会，而不是风险。那么，如果这时候遭遇了适应性会如何呢？如果市场条件的变化导致潜在的关键不确定因素变化，那么对这些情境进行监测就没有意义了，因为它们已经过时了。虽然如此，现在最大的不同是，由于我们在持续对情境进行监测，不仅能够了解哪些情境会随着时间的推移而实现，还可以确定情境何时需要更新。这是一个改变游戏规则的技术，我们称之为"情境健康状况实时监测"。

情境的健康状况指的是情境是否还适用于回答焦点问题。情境刚刚开发出来时，健康值为100%。随着时间的推移，世界不仅仅在朝着某个方向发展，同时也在发生适应性变化。正如我们之前已经讨论过的，世界的适应性意味着系统要素间的相互关系会随着时间发生变化。例如，在描述一个行业的未来时，决策者可能会发现，技术轴明显比环境轴更重要，但这种情况可能很快就会发生巨大变化。

一个情境的健康状况较差，意味着必须要重新进行情境规划。

当曾经被认定为"高度重要"和"高度不确定"的驱动力随着时间发生变化时，就到了重新进行情境规划的临界点。如果不能及时对驱动力进行重新确认，由于模型中采用的驱动力的重要性和不确定性不足，情境模型就会产生错误的结果。决策者不应再依赖于已经失效的情境。一个错误的情境框架，会将战略家引入歧途，风洞试验的结果也将不再有任何价值。在全世界，各行各业的变化速度都在加快，这种情况使得对情境进行定期检查变得越来越重要。

传统方法对于兴趣区域内的驱动力，不管是新出现的，还是原本已经考虑在内的，都要进行监测（或至少会监测重要性方面的变化），因为不确定性会随着时间的推移而自然降低。通过监测相对较少的指标来计算情境发生的概率，成本就已经很高了，而对众多驱动力进行持续分析，则会因为花费巨大而根本无法实施。

人工智能在这个阶段充分展现出它的优势。我们之前用于给驱动力排序的人工智能，在监测驱动力随时间变化时将再次发挥作用。为此，人工智能必须持续监测每一种驱动力。如此一来，我们可以很容易地观察到，当人工智能显示信息环境（如基于新闻报道）的变化到了一定程度时，必须重新对特定驱动力的重要性或不确定性进行评估。此外，持续的监测也可以识别出季节性模式，这也可以纳入我们的分析。

因此，当由最重要的和不确定性最高的驱动因素决定的兴趣区域的组成成分，随着时间的推移发生变化时，情境健康的指征也会随之下降。当它低于特定的阈值时（这一阈值取决于客户的要求），你就可以开始针对焦点问题的新的情境框架开展测试了。如果能够得出新的情境框架比旧的更加适用，就用新的框架替换旧的框架。

此外，还可以使用探索性人工智能帮助我们识别相关的驱动力，来检查是否需要将全新的驱动力纳入考虑。这些新的驱动力，会被输入专门用于情境监测的人工智能。当我们检查情境框架中兴趣区域的组成时，会对其进行思考。

这里要澄清一点，人工智能并没有改变复杂性和适应性的法则，只是与以前相比，我们现在可以准确判断在某个时刻一个变化是否会导致情境失效。这使得现代情境思维的实际应用与传统方法产生了巨大不同。比如说，采用传统方法和6个月一次的检查频率，你不会知道情境框架是否还适用。它适用的概率可能是100%，也可能是10%。如果心中存在这个疑问，一位战略家将不会再信任这组情境。每一项变化都可能导致市场、消费者或竞争对手，以一种无法预见的方式发生适应性变化，也可能会让情境规划过时。而人工智能确保你每一天都能知道现有的情境是否还可以作为决策制定的有效基础。

综上所述，在情境规划过程中引入人工智能，不仅可以降低成本，而且可以极大提高结果的质量。尽管情境规划一直是一种为复杂系统建模的好方法，但近些年世界变化的速度太快，到了无法应对的程度。结果，我们发现情境规划从业者在研究和建模阶段加快了进度，以减少时间和成本。这样做虽然缩短了获得结果所需的时间，但也降低了客户对情境框架的信任感。此外，由于变化速度在过去几年中显著增加，以6到12个月为周期对情境发展和健康状况进行检查的理论标准也已经不再适用了。

得益于人工智能的进步，变化的速度已经不那么可怕了。人工智能可以轻松地实时处理任何变化，以便情境规划从业者有充裕的时间去调整情境，从而保持其适用性。因此，当战略家们的情境思维得到了人工智能的加持，他们就能有效地对抗两个最大的敌人——复杂性和适应性，战略家们又可以为了实现宏伟战略目标而努力奋斗了。

第 7 章

战略规划的发展预判

在本书中，我们将已有的战略规划的方法论、最新经验和新兴技术结合在一起，让您了解在人工智能的帮助下战略规划的发展情况。我们认为，人类决策和机器智能之间的界限正在消失。我们以情境规划为例，说明了人类和机器智能的融合程度，以及这种人机结合的决策过程离完美还有多远。

将机器感知与人类直觉结合起来来理解观察所得，其发展潜力令人惊叹，但同时也相当可怕。通常情况下，当人工智能与人类直觉相结合时，战略规划的速度会变得更快，规划出的战略会更稳健，这是大多数人的印象。但一些观察家可能产生幻灭的感觉，因为在这一过程中，人工智能还没有向我们解释这个世界，而另一些观察家则担心人工智能会发展成为天网（Skynet）——《终结者》（*Terminator*）系列电影中的虚构人工智能系统。它会变得有自我意识，并向人类开战。因此，我们必须做出终极反思：人工智能的发展会将我们引向何方？从前面的章节中可以了解到，本书作者并没有一个能够预测出在人工智能辅助下，战略规划将如何发展的水晶球。根据个人判断，我们只能给出3种不同的观点。

第1种，我们将从一个谨慎务实的观点开始。按照安德里亚斯的观点，"在一个数据驱动的世界里讲故事"，我们需要寻求事实，将经典战略思维与新兴的技术机遇结合起来，去衡量意见和想法。在不高估技术潜力的前提下，我们需要在人类决策能力和技术支持之间找到恰当的平衡点。

第2种，在《集体意义构建的未来》（*The Future Of Collective Sense-making*）一书中，弗洛莱恩采取了一种更为乐观的、以人为中心的视角。他描述了在人工智能的帮助下，决策支持系统将如何解决我们今天在社会和经济方面所面临的基本问题。如果我们能够扩大实时战略系统的应用规模，并将其应用到更多人群和社会各个领域，那么此系统将深刻地改变我们的工作方式。此外，它们甚至有可能改变我们整个社会理解和处理信息的方式。

　　第3种想法则走向了相反的极端。在《决策乌托邦》（*A Decision-making Utopia*）一书中，弗兰克认为，棘手问题并没有简单的答案。因此，标准的叙事本质上是简单化和程式化了的，是耗时、不精确和主观的，因此肯定不是为决策提供信息的最佳方式。相反，未来的决策工作应该基于能够由机器进行分析的非故事性的格式。通过这种格式，专家能够观察和测量我们周围正在发生的事情，并在不需要故事的情况下，理解它们的意义。在未来的决策过程中，这种格式还能进一步减少人类偏见的影响。

　　这3个视角从不同的角度描述了未来决策的环境。这3种观点背后的根本问题是：决策和战略规划，是否仍将是一个人类基于故事对战略进行想象和沟通的社会性过程？或者，决策是否会发展到下一个层次，我们将越来越多地用基于算法的、不需要定性叙述的全新过程，来取代需要讲故事的传统战略规划过程。

观点 1：在一个数据驱动的世界里讲故事

　　通过观察不同行业和地区的客户项目和周围世界，我们发现，在当今这样一个高度联通的复杂世界中，不确定性已经成为躲不开的前提。我们已经从一个界限清晰的黑白世界，走进了一个有着50种不同灰度的界限模糊的世界。因此，现在几乎没有什么情况能够说是确定或肯定的了。在"冷战"期间，世界有截然不同的两极，但现在我们进入了一个充满不对称对抗的世界，不同的团体都在追求各自不同的利益。因为各个国家的角色在快速变换，关于谁是敌人谁是朋友的问题，我们经常需要重新思考。百事可乐和可口可乐之间在含咖啡因柠檬水领域旷日持久的斗争，最终也没有分出胜负。近年来，不仅数量众多的竞品（诸如能量饮料之类的新产品）扩大和颠覆了这一市场，也对整个行业产生了重大影响，给现有的厂商带来了很大的不确定性。仅仅两个例子就可以说明，过去那些界限清晰的规则不再适用于现在，未来可能会更不适用。还有许多例子也可以说明，界限模糊造成了复杂性，并增加了不确定性。过去只活跃于某一特定行业的企业，正在向新产品领域扩张，严格的工业部门分类已经不再适用。在过去，汽车制造商生产汽车，而车辆的强制性保险则由保险公司提供。但这已经是明日黄花了。搅局者不仅改变了自己的行业，也在改变着相关行业和产品，如特斯拉汽车，就在自己的业务中增加了汽车保险业务，收费比竞争对手更低，并且提供额外的好处（因为他们可以用现有产品或服务补贴新产品），从而锁定顾客。❶然而，决策者不能像鸵鸟一样，将头埋在沙子中，对变化假装视而不见。他们需要在复杂而纷乱的环境中，找到能够对抗不确定性的管理和计划方式。他们需要保持和展示出信心。帮助他们应对不确定性的手段会为他们提供竞争优势，将他们及其组织变成雄鹰，能够从高空观察那些还是像鸵鸟一样逃避问题的竞争对手。

然而，在不确定的情况下，有哪些手段可以提供竞争优势呢？对我来说，答案既简单又复杂：经技术解决方案强化的基于情境的战略规划——我们称为"实时战略"。

绕不开的不确定性，我们该怎样掌控？

在回答这个问题之前，我们再重新看一看不确定性。如何应对

---

❶ 参见O'Kane, S. (2019). Tesla launches car insurance offering in California.

不确定性，受到了各个研究领域的广泛关注。因此，战略研究人员也在争论，在一个不确定的时代，战略是否仍然有用。简而言之，在充满了不确定性的时代，关于我们是否需要战略的讨论，更多的是学术性的，而不是实用性的。虽然在学术界存在一些疑问，但在实用性方面的辩论，还是支持规划和战略的。相信一个大型跨国公司可以在没有明确战略的情况下开展经营活动的理念，是源自象牙塔里的理想，而不是来自企业的实践。以从业者的观点来看，很难想象有哪个大型组织会将他们的规划完全建立在决策者的头脑一热上。在组织中，不会像传统家庭那样，每个人都在相同的模式下长大。它们是多样性的人群和不同议程的集合体。在这样的组织中，战略是将整个组织凝聚在一起并提供统一目标的黏合剂。因此，在不确定的年代，作为保证组织成功的手段，战略仍保有自己的地位。如果这是个简单的世界，那么肯定会有一本像菜谱一样的战略规划指南，告诉我们怎样处理和搭配食材，就能获得成功（或至少令人满意）的结果。但是，正如我们之前讨论过的，生活是如此多变。因此，结合了艺术与科学的战略，既需要老年人的经验，也需要新生婴儿的好奇心。在战略和战略规划是所有公司（明确的或隐晦的）必备的情况下，问题是：我们怎样结合组织现实情况来制定战略，以及在理想条件下，我们应怎样制定战略？

战略只是基于确切的事实吗？

我们在工作中能观察到，决策者的期望常常是根据商学院的课程和战略书籍得出的，如关注折现现金流的计算结果或基于几项假设进行预测。其结果是，战略在大多数情况下都只是基于事实的。具有说服力的数据为检验假设奠定了基础，然后最终得出了能够做成漂亮PPT报告的结论。

　　然而，确切的事实就是真理吗？至少对我们来说，这是有疑问的。此外，我们需要问自己，我们是否总能收集到用于复杂分析的可靠数据，这些数据是否只是某种议程驱动下产生的超现实假设，或者甚至只是缺乏将我们世界的复杂性转化成几个数字的指征？还有更多的疑问。正如我们在第2章中描述过的，历史上，将以数字为基础的预测当作终极真理，往往会失败。我经常观察到，一些组织目标第一眼看上去似乎很有希望，但如果仔细考量一下它们的基本假设，就会发现它们其实很荒谬。因此，我们需要问自己，为什么人们依赖数字和数据？为什么组织要把自己的未来托付给几个效度有限、无法反映出复杂系统和互动关系的数字呢？答案是"简单"。数字比意见和观点更好理解，因为它们浓缩了大量的信息，并且更容易测量和处理。

　　我们注重数字的另一个原因，源自我们的教育体系，我们接受的是遵循数字的训练——在世界上许多教育体系中，对学生的最终评估都是基于量化的分数。例如，在德国，学生到了某个阶段，要从定性评估转为定量评估，这表明定性评估只适用于初学者，而数字才是真正的评判。学生们收到的第一份成绩单是一封信，对每个学生的优势和劣势进行非正式分析。而到了更高年级，德国学生的分数是以数字形式出现的。因此，我们受到的教育是只有数字才能提供真正的见解，定性分析只适合尚且不能理解数字的初学者。然而，更为重要的是我们的管理结构和薪酬方案，它们的基础都是关键绩效指标。在这些传统机构中，决策者需要实现定量目标，才能将自己的收入最大化。

　　彼得·德鲁克（Peter Drucker）有句经常被认为是无可反驳的商业格言——"你如果无法度量它，就无法管理它"，反映了当代决策对数量的依赖性。所以，为什么人们应该使用定性的叙述，如情境规划产生的结果，借助于定性的因素而进行管理呢？答案很简单：情境有助于提高长期绩效，并最终为决策者带来长期回报。在这个行业中，我们同意前面提到过的皮埃尔·瓦克的说法，优秀的战略是定性观察和定量事实的结合体。并非只有管理者们意识到了这种冲突，其他学科也都陷入了质量驱动学派和数量驱动学派之间的斗争。

能够帮助企业在市场上取得优势的制胜战略必须是动态的，特别是在充满不确定性的动荡时期。要想取胜，战略应该把定性方面和定量因素结合起来。采用定性方法，描述难以用几个数字说清的相互作用（如由于缺乏可靠的数据或分析能力），定量因素可以浓缩信息并为决策建立基础，用现实世界的证据支持论点。

作为动态战略的基础，情境规划是一种纯粹的定性工具，能够带来很多好处，这也是我们希望在本书中展示出来的。如果把情境规划在定性方面的优点及其假设代入定量模型中，我们就可以充分利用这两个方面因素。这种结合并不容易，甚至可以说是有些烧脑的，因为需要在各个情境的可能世界中利用数据去思考和讲述。由于需要大量的数据和分析能力（如算法和硬件），除了必要的人力，还要有支持这种组合的外部环境。虽然设计情境不需要很高的技术，但这种组合需要技术作为支持。对于我们按照程序开发出的4个场景，一个"技术含量不高"的Excel模型，就足以提供帮助了——但是还不是动态的。它更像是当前状态的一张快照，既不包含当前正在进行中的发展，也不能预测未来才会开始的发展。我们可以观察到，能够帮助我们真正支持动态战略并克服Excel模型缺点的技术，在过去10年发生了巨大的飞跃——这要归功于人工智能和大数据的发展。然而，当我们听到"人工智能"这个词时，经常会想到那些能让我们从做决策的沉重负担中解脱出来的科幻故事和机器，但我们还没有发展到那一步。对于人类的未来，只能希望科技永远不会让我们失去"决策"这最后一个纯粹属于人类的领域。

对我来说，技术的角色是一个纯粹的推动者，但一旦它将我们从繁重的工作中解脱出来，我们存在的价值可能会受到质疑。这并不是说我们这个时代的技术完全是无用的，而是说它已经学会了走路、上了小学，但还不是一个有经验的手艺人。不过，技术还是可以帮助增强动态策略的，但在应用时需要小心谨慎，并测试其适用性和适应性。获得技术解决方案也很方便，我们总是将机器视为无所不知的真理之源，让它们对我们提出的问题和任务给出答案。然而，作为有思想的生物，我们需要对一些问题进行讨论。我们能相信机器的输出结果吗？我们能理解它们的决策过程吗？不幸的是，我认为回答常常是否定的。因此，我们需要信任算法的开发者。所以，我们要思考两个问题：技术能力和道德。

超越了道德的战略

复杂的技术需要得到人们的信赖。我们没有能力去测试车辆的动力系统状况，也没有能力监测建筑物是否符合所有的安全标准，我们只能选择信任开发商的能力和道德。最近，我们看到了一些把利益置于道德之上的现象，比如说全球性的汽车质量事件（用数据造假来应对监管）、飞机质量事件（采用有缺陷的软件，并导致了致命事故）、房屋质量事件（因为没有满足必要的标准而导致火灾）。科技界的新闻，同样也支持了我们的质疑。2016年，微软不得不在运行了16小时后，关闭了基于人工智能的聊天机器人Tay。经过周围环境的训练，Tay变成了一个种族主义者，发布了煽动性和攻击性的推文。[1] 3年后，人工智能非营利组织Open AI没有公开其新款人工智能系统GPT-2 Public，因为它被认为对大众来说"太危险"。他们看到了这一系统有可能在社交媒体上制造假新闻或垃圾邮件，因此只发布了一个"轻量级"的版本。[2] 还有更多的例子表明，我们面临着透明度和可信任性的问题。为了完美地运行，人工智能需要一个足够大的数据集来进行训练和主动应用，需要恰当的训练方法和设置，并且需要值得信赖的适当的算法，所以证明数据透明度和可信任性的举证责任很重。因此，要使用人工智能作为决策工具，我们需要一些针对它们的通用的、客观的认证或审计。这就引出了下一个挑战：谁来制定标准？我们都有不同的道德标准和是非观，这是由我们的文化、教育和生活经历所决定的。人类不是完美的，那么由人类开发和制造的人工智能，为什么就应该是完美的呢？

保持怀疑

回顾人类历史，我们可以说，技术改善了人类生活中的许多方面，但技术并不总能提供最佳解决方案。我们没有可以用数字准确预测未来的水晶球。并且，尽管技术让我们拥有了一些能力，但许多问题和如何使用它们仍需要人类的判断。因此，我们要像前文中介绍过的安东尼·莱昂纳多·托马斯那样，保持怀疑。对技术万能思想的怀疑，会促进技术的发展。在我看来，技术会给我们带来更好的决策。然而，这些决策最终是由人类做出的，受到决策影响的

---

[1] 参见Vincent, J. (2016). Twitter taught Microsoft's AI chatbot to be a racist asshole in less than a day.

[2] 参见Wakefield, J. (2019). 'Dangerous' AI offers to write fake news.

也是人类自己。

在战略中，叙事仍然是有效的

人类需要被说服、被激励，或者被吸引。在战略中，纯粹的数字是不起作用的，而叙事可以让所有利害关系人接受某一战略，特别是当战略涉及较大的变革时。受故事驱动是人类的本性，故事能够拓展人的思维。叙事仍然有自己的未来，这是多么幸运啊！它们会帮助决策者拥抱一种"假使……会如何"的思维方式，并将其传递给所有的利害关系人和股东，然而，这些故事需要得到算法和其结果的强化后，才能产生信息最为完备的决策。总之，战略需要叙事和经典的讲故事的方式，这些方式需要得到数据和技术解决方案的支持。并且，我们需要坚持对技术产生的结果保持审慎的怀疑，避免盲目地信任科技和算法，而要用深思熟虑的叙事，不断增加决策的价值，毕竟这是最后一个完全属于人类的领域了。

观点2：以众智构建未来

在过去几年的战略规划项目中，我观察到了一个有些矛盾的趋势。我们的人工智能工具能力越全面、功能越复杂，我们就越需要组建更多真人参与的工作坊。这当然是违反直觉的，因为人们都会认为，能力越来越强的机器学习系统将在决策过程中取代人类。然而，现实却恰恰相反。

大数据工具极大地提高了我们研究未来趋势的能力，并为测量、跟踪和监测观点和想法开辟了新途径。因此，我们在收集证据方面所需要的时间大大减少了。就在5年前，一个由4名训练有素的顾问组成的团队，编写一本关于某个市场驱动要素的书，要花几周的时间。有了今天的先进工具，一名分析师可以在几天内完成这项工作。此外，该工具生成的证据更加客观、全面，并且与战略讨论更加相关。

然而，对由科技公司生成的战略选择进行思考的工作量，却并没有因此而减少——事实恰恰是相反的！我们对周围发生的事情感知得更快、更好了，因此我们可以将更多的时间用在"那又如何"（so what）的问题上。与此同时，我们对战略工作坊的质量要求也越来越高。在项目的调研阶段，人工智能工具提高了工作速度和透明度，这在很多方面也提高了对战略家们的要求。首先，因为现在战略家们在编制情境项目的初始驱动因素列表时，会使用众包的方法从人群中募集想法，所以他们需要保持更开放的心态。如今，相比之前，情境工作坊的参与者需要对一个更长的驱动因素列表进行思考，因为其中有些因素来自他们日常生活圈子之外，会让他们觉得"奇怪"。其次，为了建立一个逻辑模型，供人工智能系统日后对我们开发出的情境进行监测，工作坊的参与者需要尽可能透明地表达他们的想法。现在，我们在工作坊中，要将很大一部分时间用在发现和阐释潜在假设，并确保其他参与者将其考虑在内。换句话说，人工智能工具的使用，已经改变了专家们大脑中协作和沟通的方式。在人工智能和人类智能结合起来进行战略开发时，如果我们想保有继续参与的权利，就必须接受更多的观点、更努力地思考、更加有效地去沟通。

被迫向集体思维升级

这种提升我们的思维和讨论文化所带来的压力，正是我对人类智能和人工智能集成决策系统的正面影响持乐观态度的原因。为了说明这一点，我们想象一下当这样一个系统已经成为标配时，世界会是什么样。

在这样一个世界中，我们将在战略规划过程的初始阶段和最后阶段应用人工智能工具。在初始阶段，对关于市场或课题的实时状态，人工智能会给我们提供一个即时的基准评估。这项评估最初是由若干指征推动的，在之前的战略规划工作中，这些指征被认定为对类似的战略问题很重要。随着时间的推移，指征库里的指征数量将随着每次迭代而增加。

因此，人工智能工具将捕捉、测量、监测和记录我们思想领域中的所有相关方面。它们将涵盖所有重要的讨论领域。其记录下来的意见在多样性方面，将比我们今天所知的任何体系都更加客观和全面。它们会发现新的想法以及贡献这些想法的人。它们能识别出新兴的课题领域，并自动将其添加到不断增长的指征库中。实际上，人工智能系统将成为一个绘图师，它描绘的是人类不断进化的思想宇宙。

如果，你觉得这听起来像是科幻小说，请注意雪崩般的巨变已经开始了。引发雪崩的是数字数据库的扩大和先进数据分析工具的增加。如果你还没有注意到这一点，可能是因为人们与这些数据和工具的接触是不均衡的。目前，只有少数企业和机构能够接触到它们，主要原因有两个：一是时间、成本和内部使用人工智能的能力，二是社会对人工智能使用数字数据库这件事的接受程度。然而，在这两个方面，我认为这些障碍会随着时间的推移而消除。对于第一个问题，我们已经明显看到了人工智能平民化的趋势，因为算法的成本正在下降，它们对于公众的可用性在增加。第二个问题应该会继续处在争议之中。然而，我相信，我们的社会将围绕人工智能的使用制定一套规则。有了这套规则，监管将会更有效率。

现在想象一下，如果所有人都能得到这些关于我们思想世界的实时地图，会发生什么呢？人们可以通过浏览它们，来理解任何课题的环境以及关于该课题的所有观点。他们可以随意从微观角度或是宏观角度来了解课题。在知识领域，每个人都可以成为专家，因为他们可以在瞬间搜索到该领域的相关信息。想象这样一个世界：在人工智能的帮助下，每个人都可以在一个由观点组成的宇宙中航行，并且能够利用这些观点。这些关于知识的地图，不仅会让大多数人的专业教育变得多余，它们还会成为一种集体记忆。它们会记录下我们的观点，以及我们在理解这些观点时所采用的各种角度。

你可能会问，这幅地图与今天的互联网有何不同呢？我们通过当前的数字渠道接收到的信息，是没有经过认真思考的（至少在许多情况下是这样），并通常是不全面的、有偏误的。相比之下，经过人工智能加工后生成的关于观点的地图，将是结构化的、经过仔细筛选的、动态的和多维的。对于我们或人工智能选择的任何课题，它们都能提供相应的信息。

然而，实现这个令人惊讶的前景是有代价的。要使用知识地图，"肤浅"的一级信息是不够的。用户需要批判性地阅读知识地图。而要做到这一点，他们需要有将元数据考虑在内的能力。首先，知识地图用户需要考虑他们所关注课题的来龙去脉。其次，他们需要理解并权衡之前人们所采取的不同视角。最后，对于围绕主题的观点有多牢靠，他们需要做出自己的判断。

换句话说，虽然从理论上讲，动态知识地图有能力将用户变成关于任何话题的"即时专家"，但它们要求我们先要成为批判性思考大师。因此，要想进入这个由人工智能加持的奇妙幻境，用户需要一些基本技能。这些关键技能是什么呢？你可能已经猜到了——用户需要有承认和反思他人想法的基本素质，他们需要接受在结构和环境中进行思考的训练，还要有进行有效沟通的技能，以便将自己的观点传递给下一代用户。在这样一个世界中，我们不能只是盲目地做人工智能的追随者。

无与伦比的风险

当然，我意识到这个以人为中心的乌托邦听起来十分牵强。在一个饱受无知、假新闻、两极分化和意识形态之苦蹂躏的世界里，这样一个乌托邦，起码需要有一场支持批判性思维的二次启蒙运动才能实现。然而，我相信还是有希望实现的。如果我们考虑到全球教育水平在过去几十年里不断提高，以及我们正在将世界上另一半人口连接到互联网上，情况可能就不那么糟糕了。此外，批判性思考的能力并不需要非凡的智力或训练，而是需要一套我们可以教给孩子们的价值观。在一个由数据推动的世界中，这些价值观将成为我们生存和发展的关键。

这就引出了我的最后一个观点：想要整合人类智能和人工智能系统，并将它们与批判性思维相结合，社会必须以人为本。在我看来，这些系统是对抗社会分裂和假新闻等弊病最可行、最可取的解药。事实上，整合后的人类智能和人工智能系统将给社会赋能，从而拥有构建、分析和协商我们迫切需要解决的重大问题的能力，比如气候变化问题。

最后，在支持人类智能与人工智能系统整合的观点中，还有一种更加可怕。这种观点认为，这是一种让我们人类能够继续参与决策过程的优雅方式。如果我们找不到用人工智能强化集体决策过程的方法，那么我们被彻底淘汰的危险将增加。如果你认为这种观点太过夸张，那么就请继续往下读。

观点 3：决策乌托邦

请问自己一个重要的问题：是结果重要，还是实现结果的方法更重要？你可能会本能地回答"当然是结果"。现在，想象这样一个世界，任务不再由老板分配，你要从一个人工智能那里领取工作任务。这是一个你在办公室里不会与任何人类同事交流的商业世界；更进一步说，甚至可能没有办公室。在这样的世界里，你只能坐在家里，按照算法列出的任务清单工作。所有其他"人力资源"，比如你的前同事们，也都将和你一样。

关于讲故事

在这个关于决策制定的乌托邦中，组织的总指挥一定是由算法担任的。它负责信息交换，这个过程是高度自动化和极其高效的。因此，组织既不需要在茶水间进行信息交流，也不需要领导层的激励讲话。从人类的视角，这样的工作情形听起来有点冷酷，但这难道不是能够提供最佳结果的设置吗？注意力集中，纯粹由信息定位，不讲感情、只讲效率，只讲效果、不在乎过程开不开心。显然，我们必须做出选择。在当今这个互联互通的世界里，一个糟糕的决定可能会拖累整个经济；因此，领导者做出的不能只是不错的决定，而要做出最佳决定。由此产生的问题是，我们是想要一个令人舒适却结果不佳的人性化的工作环境，还是想要一个基于算法的、向最佳解决方案发起挑战的单调乏味的商业世界？我（不得不）支持后者。但是，如果我说我们能让你认识到，这种环境比你能想象的最好的茶水间或传统工作场所更加人性化、更加有趣，你会怎么想呢？

为了更好地解释这种必然性，我们先看看组织所面临的挑战。在西方社会，组织是价值创造的基石。因此，组织的领导者对社会的福祉负有责任。换句话说，一个社会的挑战也就是他们的挑战。即使不是直接的，至少也是间接的。诚然，当前的股东驱动和以KPI导向的考核体系，没有充分考虑到利害关系人的视角。不过，我们已经观察到，领导者们的思想正在发生变化。不管是在大型公司的公开活动上，还是领导者的私人谈话中，都可以发现他们在做决策时，会将社会和周遭的事物纳入考虑。最后一点，几乎没有哪家公司能在不稳定的市场环境中成功地做生意。因此，公司不仅在具体业务中发挥着重要作用，在应对重大社会挑战时也同样如此。

现在社会面临着诸多挑战，比如人口变化、社会不稳定或气候变化等。从这样几个例子中，我们就能明白所有这些挑战都是非常难以解决的。它们都属于具有复杂性和适应性的系统。正如丛林心理模型所揭示的原理，复杂性和适应性使我们很难做出最佳决策。因此，决策者们如果想保证组织的生存并获得利润，同时为解决社会挑战做出贡献，他们必须以智慧指导行动。政治家可以设定宏观环境，但大多数情况下，能够解决时代问题的创新性解决方案，必须由个人或大公司提供。例如，想想我们面临的在能源需求和环境友好型解决方案之间的权衡。政界人士可以禁止某些能源生产方式或确定生态标准，但科学家、企业家和组织需要提出有效的想法，将政策转化为可持续的解决方案。

21世纪，公司及其决策者所面临的挑战，在范围、复杂性、变化速度以及适应性方面都有巨大的增幅。不幸的是，决策者可以依赖的工具和程序，与过去30年相比没有什么两样。举例来说，

PowerPoint作为一款经典的工具，其基本形式在1982年就已经存在了，它本质上就是经典投影仪的电子版本而已，而用于数据分析的工具Excel，也早在1985年就已经出现了。[1]到目前为止，这两种工具都仍然是商业世界中交流结果、现状报告等内容时最主要的工具。

　　换句话说，在工具包和工作程序没有随之改进的前提下，我们不能要求决策者解决越来越困难的任务。新一代的挑战必须用新一代的决策方式来应对。对我来说，决策者每天早上醒来时，都能意识到自己很难解决任何重大挑战，这件事听起来很让人痛苦，因为他们的武器太钝了。一天一天都是如此。但是，在决策者无能为力的同时，利害关系人和股东们的期待却一如既往。当然，这不仅仅是高层决策者需要面对的情况，每天都在面对着重要挑战的每个人，都同样如此。因此，我们需要问问自己，我们的目的真的是拥有那些环境舒适、设备精良，但挤满了浑身压抑、焦虑的工作人员的办公场所吗？

　　本书将人工智能算法纳入战略决策过程是一个很好的开始。这种超能力强化了决策者的能力，极大地改善了他们的处境，可以为非常困难的问题找到明智的答案。不幸的是，面对当前和即将到来的挑战，这只是获得机会的必要条件。事实上，拥有人工智能算法只是硬币的一面，硬币的另一面是通过减少人类参与，以最有效的方式运用它们。

受关注的挑战没有简单答案

　　举个例子。我们经常通过PowerPoint幻灯片向客户展示咨询项

---

[1] 参见Wikipedia (2020). Microsoft Excel.

目的结果。在制作易于阅读、令人信服的叙事方面，PowerPoint是一个很好用的工具。这种高可读性的"代价"是相当高的。虽然分析本身可能是全面的，包含着多种因素和许多精美的模型，但在与客户沟通时，我们必须将见解进行简化处理，并将其分别放到故事中。在这里，故事意味着我们将见解转化为一种"易于消化"的格式和叙事。通过广泛使用的可视化格式"xy图表"，你可以观察到这种简化的典型情况。

　　无论是在商业演示、生物黑客博客文章中，还是在科学研究中，xy图表到处可见，其中x是一个投入因素，比如研发投入，y是预期产出，比如收入。事实上，为了构建它们，你只能在每个图表中考虑一到两个与y因素（如预期收益）结果相关的输入因素（如研发投资）。这里的限制因素既俗气又危险，那就是我们只能绘制三维的图表。当然，在某种程度上，我们也可以通过颜色和添加单个图形的形式来添加更多细节，从而整合更多的信息。此外，为了更全面地传达分析结果，显然我们也可以生成多个图表。然而，如果添加的信息过多，生成的结果就不能在合理的时间内得到消化，这是不符合客户要求的。归根结底，对于所有类型的图表或叙事，都存在这个问题。总之，有多个要素在我们的模型中起作用，因为这一简单的事实，讲故事这件事受到了限制。虽然从每个额外因素的影响来看，讲故事受到的限制是线性的，但在涉及沟通结果的风险问题时，我们面临的仍是一个危险系数呈指数级增加的威胁。

　　在再次考虑沟通结果的问题之前，我们先看一下分析部分。回归分析是一种典型的分析方法，可以通过xy图表来传达。大多数回归分析都没有超越所谓的一级交互作用。之所以叫一级交互，是因为输出值（y）依赖一个输入（x_1）的状态，不受另一个输入因素（x_2）的状态的影响。为了避免混淆，我们在这里要精确些；我们指的不是影响因素的数量（如前所述），而是因素相互间的联系。就像在丛林心理模型中一样，一旦障碍开始相互影响，它们就真正开始成为挑战了。不幸的是，这种"相互影响"不仅会让你难以逃离丛林，也会让你在回家后，难以讲述自己的冒险故事。接下来，二级交互作用是输出值与x_1之间的相关性不仅取决于x_1的状态，同时也取决于x_2的状态，以此类推。不幸的是，我们的世界如此复杂，且不说没有一个只存在一级交互的复杂的适应性系统（如市场、公司或气候系统），我们有时甚至不知道所有的影响因素。在现实中，结果（y）总是取决于多个输入因素，这些因素同时也在相互影响。

例如，如果你发现一个图表显示了研发投入和企业收入正相关，那么该图表一定是经过简化的。在真实情况中，两者之间的关系受到数百种因素的影响，比如行业和地理因素等。例如，有的市场对创新的接受度比较高，因此更高的研发投入能够带来更多的收入。如果说地理因素的影响至少与相关性的方向一致（即不考虑地理因素，研发投资与企业收入仍是正相关关系），我们也很容易就能想到与相关性影响方向相反的其他因素。如果你只关注研发而忽视了维保工作，研发投资可能会显示负面的影响。如果生产设备因为维保不够而发生爆炸，所有的研发投资都将付之东流。因此，维保投入的水平是一个被忽略的要素，只有在维保投入额度超过一个阈值之后，创新投资与企业收入才呈正相关关系。否则，它们之间可能是负相关的。不幸的是，发生互动的因素数量太多了，因此用xy图表的形式围绕它们讲述一个故事变成了不可能的任务。原因是，每种单独的互动关系，都会对因素间的相关性方向产生影响，必须为其单独建立一个图表，结果就会产生数以万计的图表。简单来说，只包含数个xy图表的故事具有过度简化的风险，因此必须用大量的假设和限制条件来作为补充。

xy图表只是一个例子。只要我们用讲故事的方式传递认知，就可能落入"过度简化"的陷阱。有一个令人不安的事实，那就是我们不得不完全放弃讲故事这种方式，因为故事不仅已经不再能够提供帮助，并且反而还成了障碍。虽然故事容易理解，甚至可以说是有趣味或有说服力的，但它们在描述复杂的适应性系统时，每每都是错误的。

具体到细节，如果我们将故事视为世界某个局部的模型，那么它们具有天然的缺陷（比如投资影响收入的故事）。因为故事一般需要遵从某种特定的机制，比如"易于理解""具有说服力""使之合理"等。但与故事相反，现实世界并不会遵从某种机制，所以讲故事就变得十分危险。现实中一般是这样的：影响因素x_1对y的影响取决于x_2、x_3、x_4、x_5、x_6……，但只有在x_7、x_8、x_9是……时，这一关系才成立；或者是，当x_4大于x_5时，情况将完全不同，等等。只要想想我们的丛林模型，就可以明白这一点。现实情况有时会过于宏大和复杂，让人无力进行解释。对于人类的标准而言，现实世界的真实画面常常是很无趣的。尽管如此，讲故事也帮不上什么忙——如果我们想要解决重大挑战，就绝不能为了便于处理而对其进行简化。

换句话说，在涉及复杂的适应性问题时，没有简单的答案（如故事）。但更具有悲剧意味的是，我们常常心怀最美好的初衷，但依靠故事做出的选择，有时却会导致灾难性的后果。因此，我们必须要问问自己：关于研发投入转化为企业收入的问题，讲述令人信服、充满希望的故事更有帮助，还是杜绝一切期盼更有帮助？当我们后来发现，我们讲述的娓娓动听的故事并没有成真，组织被挤出了市场时，故事带给我们的还是长期优势吗？显然，一个优秀的咨询人员必须能在不易理解的分析结果和受众的接受能力之间找到一种平衡。不过，面对传统的，甚至可以说是古老的讲故事方法与现代挑战之间的冲突，找到正确的平衡点变得越来越困难。而且，将认知转化为可理解的故事是非常耗时的。而决策过程也常常缺少时间和资金。因此，我们需要在未来分析和漂亮的"包装"之间进行一种几乎不可能的权衡。当商业界和社会中的挑战扑面而来时，我们没有任何时间可浪费。

正如我们在前面的章节中讨论过的，时间是实现长期目标的力量源泉。我们不能把时间浪费在讲故事上，而只能用在实现大目标上。同样重要的是，我们必须从我们的经历中观察和学习。复杂的适应性系统很难被描述或理解。因此，将关于一个复杂的适应性系统的所有知识存储起来，用于下一步学习和应用，就显得更为重要。与直觉相反，故事的第二个弱点是在传递知识方面。它们只能算是一种储存知识的糟糕方式。例如，在咨询领域，我们看到人们需要从以前的项目中学习尽可能多的知识，以便在未来的项目中无障碍地重新加以利用。乍看上去，似乎可以想当然地认为，当重新应用一个经过验证的方法时，会节省成本并增加成功的机会。但实际上，这是非常难以实现的。首先，我们需要严格遵守客户项目的专属权和保密性限制。除此之外，每个客户的情况都很不一样。然而，我们还是很喜欢使用过去的故事，而不是匿名的复杂数据集。其中的问题是，这些故事通常针对的是特定情况。即使以数据形式进行的分析可以用于之后的项目中，保存结果的格式通常也会是一个故事——或者说至少是高度浓缩的数据。

为决策提供指导的诸多文件，如咨询项目的最终报告，会将利害关系人的具体情况纳入其中，并以高度定制化的故事陈述事实。因此，下一个项目不能仅仅建立在上一个项目的知识基础上，因为这些知识除了保密的部分外，还有一部分隐藏在复杂的数据集中。到目前为止，所有假设、交互效应等最重要的数据，并不容易获取。可能只有那些做第一手分析的专家，才能提取到宝贵的数据。不幸的是，除了作为数据来源的客户，其他人通常很难接触到这些数据。当然，这个来自咨询公司的例子，也代表了所有公司的情况。因为它们遵循相同的机制——更喜欢简单易懂的故事，而不是复杂的数据分析。

总之，我们能够轻松构思和记住的故事，在接下来的情况下，将无法带来帮助，因为它们经过了简化，无法将所有的认识包含在内。将所有复杂的知识体现在一个轻松简单的故事中，是不可能的。

对新决策文化的建议

因此，我的建议是激进但必要的。我们不需要再通过故事来让大家接受一个决定。这种做法不仅过于耗时，而且更糟糕的是，可能会弊大于利。它们是复杂的定量模型还是有趣的定性叙事并不重要。因为它们最终表达了可预测的投入产出关系，所以最终它们都是以故事的形式呈现出来。虽然这些关系可能适用于短期情况，但读者们都很清楚，一旦复杂性和适应性开始发挥作用，所有的关系都会变得可疑。

在决策时，能够投入使用的只能是对现实的客观、全面的描述和分析。这意味着对于复杂的适应性系统及其带来的挑战，我们在最基本的理解上达成了共识：总体情况总是高度复杂的，既不容易理解，也不容易解释。只有少数受过高度训练和知识渊博的专家，才可能能够评估某些效果。因此，我们必须拥抱不确定性，就像我们在情境规划中所做的那样。情境规划中也有故事，但数量很多，而不是一个——这增加了其中一些逼近现实的可能性。然而，进行情境规划时，我们无法处理所有的不确定因素，需要将信息进行浓缩。这里有一个软性限制，那就是很难讲出4个涵盖所有驱动要素及其潜在影响的令人信服的故事。然而，还有硬性限制——实现彻底的交流，需要讲述不可计数的情境。因此，我要说的是：把受限颇多的故事放在一边吧，采用具有更高维度的情境规划方法。以情境规划的思维方式思考潜在影响，并利用计算机来确定数量众多的情境，监测未来发展方向，从而能够提早预见世界会如何变化。

有了人工智能，我们可以将在过去累积的关于决策及其影响的认知输入计算机中，强化它的智能决策能力。与之前不同，现在即使雇员离职，他们的知识也会留下来。如果一位专家发现，在特定条件下进行研发投资是不利的，而外界决策群体尚未意识到这一问题，这个知识点将会被添加到算法中。只要把这一知识点输入系统中，我们就能在未来随时调用它。由此，为了方便知识交流而待在某个地点，变得越来越没有意义。因为知识被以一种非故事性的格式存储在人工智能系统中，所以可以轻松应用于各种情况。人工智能现在可以轻易获取和利用过去的知识，甚至可以根据情况调整使用。

总之，在长期决策中，我们并不能完全击败复杂性和适应性这两个敌人，但得益于机器学习和技术进步，我们至少可以以最明智的方式实时做出反应。了解前路上的所有冰山是不可能的。然而，有了人工智能，当正前方出现一座冰山时，你就能及时察觉，并知道接下来的最佳路线。而且，在来不及转舵之前，也不再需要借助于耗时费力的故事，向所有人解释必须更换路线以及新路线为什么正确的原因。我们只需要信任人工智能。让我们学着放弃类似壁炉一样的环境，在这类环境中，强有力的叙事能引起最大的关注。

至少在商业决策中应该这样做。同时，让我们学着相信算法。虽然算法看上去不那么人性化，但它能帮助我们建立一个更人性化的世界。

　　我想象中的世界是这样的：在人工智能的加持下，人类专家经过高度训练，能够无限接近真相，从而引导决策者做出明智的决策。在这样一个世界中，我们不再需要有趣但可能会产生误导的故事。既然这样，为什么现在的人际交往更加活跃了呢？因为我们发现了一个有能力应对和解决重大商业和社会挑战的商业世界。与此同时，不断发展的人工智能技术将会帮助我们节约时间，从而能够在个人生活中更多地陪伴家人和朋友。我将这样一个世界称为决策乌托邦。我认为，这是一个值得为之奋斗的世界，希望本书能为这样一个世界的到来起到一点推动作用。